Manitoba

*Sous la direction de Bernard Deforge
et Laurent Acharian*

SI ON FAISAIT CONFIANCE
AUX ENTREPRENEURS

XAVIER FONTANET
avec la collaboration
de Jacques BARRAUX et Gérard BONOS

SI ON FAISAIT CONFIANCE AUX ENTREPRENEURS

Les entreprises françaises
et la mondialisation

3ᵉ tirage

PARIS
MANITOBA / LES BELLES LETTRES
2011

*Pour consulter notre catalogue
et découvrir nos nouveautés
www.lesbelleslettres.com*

Ce livre a bénéficié de la collaboration éditoriale
de Laurent Acharian.

*Tous droits de traduction, de reproduction et d'adaptation
réservés pour tous les pays.*
© 2011, Société d'édition Les Belles Lettres,
95, boulevard Raspail, 75006 Paris.

ISBN : 978-2-251-44396-6

*À mes six petits enfants, leur arrière-grand-mère,
à ma femme, mes filles et tous mes proches qui m'ont accompagné
et aidé à me construire.*

PROLOGUE :

CE LIVRE, POURQUOI ?

Il y a quelques années, en juin, notre service communication m'informe qu'un grand hebdomadaire veut faire un papier sur Essilor. Petit sentiment de fierté : c'est toujours un honneur et une reconnaissance d'être ainsi sollicité. Très rapidement cependant, je réalise que je n'ai aucun intérêt à répondre. L'image d'Essilor est bonne, pourquoi prendre le risque d'un mauvais article ? Pourquoi faire plus que les deux interviews annuelles que nous accordons traditionnellement aux *Échos* et au *Figaro* en mars et en septembre pour faire le point sur nos résultats ?

Réponse polie mais dilatoire : « Pourquoi ne pas le faire plus tard, l'an prochain par exemple, pour parler de l'année écoulée ? »

« Monsieur Fontanet, si vous refusez de vous exprimer, nous ferons quand même le papier », m'indique le journaliste, sympathique au demeurant.

Je lui demande à réfléchir et reviens vers les équipes en leur expliquant la situation. À mon avis, mieux vaut répondre pour éviter les contresens et les approximations. Les avis sont pourtant contrastés. Certains sont hostiles, ne mesurant ni le bénéfice ni même le risque pour notre société. D'autres au contraire m'encouragent à faire une exception et à rompre nos habitudes. Va pour l'article donc !

Je rappelle le journaliste pour lui annoncer la bonne nouvelle et lui propose de visiter certaines de nos usines à l'étranger, aux États-Unis et au Japon notamment. Sa réponse m'étonne : « Impossible, on ne peut pas financer de tels reportages ! On préfère faire cela dans une usine française. »

Je plaide ma cause : « Mais cela n'a pas de sens, le gros de notre activité aujourd'hui n'est plus en France ! »

Finalement, nous trouvons une solution intermédiaire : nous invitons le journaliste à interviewer les dirigeants pendant un comité exécutif, qui réunit tous les mois les responsables du monde entier et qui, par chance, se tient à Paris la semaine suivante.

Faute d'évaluer l'entreprise, il peut prendre la mesure de ses dirigeants internationaux.

Deux mois après ces entretiens, toujours rien ! Nous rappelons donc le journaliste.

« Non, monsieur Fontanet, tout bien réfléchi, nous ne ferons pas d'article. Tout va bien chez vous, il n'y a rien à dire !

– Si ça va bien, dites-le !

– Cela n'intéressera personne ! »

Voilà qui me rappelle la remarque que m'avait faite un animateur radio à l'occasion d'un spot publicitaire entre deux passages : « Vous êtes un cauchemar pour les journalistes, tout va bien chez vous ! »

Il faut être au Japon pour lire des articles qui expliquent dans le plus grand détail quels systèmes de qualité sont mis en place dans le TGV japonais, le Shinkansen – exploité par une société privée, ce qui est assez peu connu ! –, pour s'assurer qu'il arrive 99,97 % du temps à l'heure prévue par l'horaire officiel, à dix secondes près.

Je proteste en lui faisant valoir que nous avons sollicité beaucoup de monde et pour plaisanter je lui dis : « Écoutez, j'ai l'air de quoi vis-à-vis du comité exécutif ! Vous avez dérangé notre travail puisque les principaux directeurs ont défilé devant vous pendant notre réunion. » Comprenant ma remarque, le journaliste me dit qu'il fera quelque chose. L'article sortira un peu plus tard.

L'article paru est de très bonne qualité... jusqu'à la chute qui indique en substance que, seule faille dans tout le système, nous perdons des parts de marché en France. C'est évidemment un contresens, le journaliste a confondu la part de la France dans le chiffre d'affaires global d'Essilor – cette part a évidemment chuté puisque nous nous sommes internationalisés – avec la part de marché d'Essilor en France, restée constante pendant toute la période.

Il fallait un petit coup de patte, fût-il inexact, pour que l'article passe. Le journaliste aurait-il été gêné vis-à-vis de ses collègues ou de ses lecteurs de ne dire sur nous que des choses aimables ?

Cela a été un petit déclic. Au fond, la presse grand public a besoin d'accroches fortes pour vendre. Pourquoi pas, après tout, si c'est ce que veut le lecteur ?

Quand je vais au bureau et que j'écoute la radio, j'ai l'impression que le monde va s'écrouler. En poussant la porte d'Essilor, je vois des gens actifs, tout le monde s'affaire, sourit, se dit « Bonjour, comment ça va ? ». Puis je plonge dans une réunion passionnante… là encore, je me dis : « Sommes-nous une exception, ou beaucoup de choses vont bien et on ne parle que de ce qui ne va pas ? »

Nous avons besoin d'un climat de confiance, car le monde qui nous attend, en dehors de la France, va changer et, si nous n'arrivons pas à créer ce climat entre nous Français, je crains que nous ne soyons pas prêts à la mobilité qui va être nécessaire.

Aussi, je me suis dit qu'un livre est un lieu où l'on peut s'exprimer à loisir sans être interrompu, un lieu où l'on peut espérer parler d'expériences positives en étant lu jusqu'au bout. Bien sûr, le débat, voire la contradiction, est essentiel. Ce qui peut passer pour un monologue peut ne pas avoir le cachet de la crédibilité. Mais, l'essentiel de l'information que nous recevons étant hachée et agressive, je me suis dit qu'aller dans le sens opposé pour donner un peu de douceur ne pouvait pas nuire au débat.

Ce livre aura son *blog* : je vous serai infiniment reconnaissant d'y mettre toutes vos réactions[1]. J'y répondrai personnellement. Cela permettra d'améliorer les rééditions s'il y en a. La balle est dans votre camp !

Pourquoi les Belles Lettres ?

Le hasard ou peut-être la chance (hasard et chance sont le même mot en chinois). Un de ses vice-présidents, Bernard Deforge, est venu me voir après une conférence faite devant un parterre de jeunes entrepreneurs. Il habite près de chez moi, nous passons le mois d'août ensemble en Bretagne, donc nous nous connaissons. Même si je suis scientifique de formation, même si je ne sais pas écrire – peut-être du fait de cela d'ailleurs ! –, je suis partisan d'enseigner les lettres, le langage, le choix des mots. Je pense aussi que nos enfants doivent recevoir un enseignement de philosophie, c'est, à n'en pas douter, une des meilleures armes pour réussir dans l'environnement mondialisé qui sera le leur.

---

1. www.sionfaisaitconfianceauxentrepreneurs.com.

J'avais par ailleurs lu de très bons livres d'économie de cette maison d'édition. Je pense qu'il faut absolument réécrire tous les livres d'économie dans lesquels nos enfants étudient, ces manuels ont un siècle de retard, et je donnerai dans ces pages quelques pistes pour leur révision. Dans ma vie, les rencontres et les hasards ont toujours eu leur importance. Voilà, ce n'est pas plus compliqué que cela !

X. F., Loctudy, le 4 août 2010

LE MOT
DU PREMIER LECTEUR

Je ne connaissais pas Xavier Fontanet avant de participer à la rédaction de son ouvrage.

Je connaissais bien sûr son entreprise Essilor ainsi que son patronyme, qui évoquait plus pour moi celui d'un ministre de la République que celui d'un chef d'entreprise. Pour le reste, nous n'avions, à vrai dire, guère de raisons de nous croiser.

Je n'avais donc pour le personnage ni antipathie ni admiration. Je n'éprouvais qu'une saine curiosité pour un individu dont je ne partageais *a priori* ni les valeurs ni les idées.

Nous avons appris à nous connaître sur un mode accéléré. Nous avons beaucoup discuté, nous nous sommes heurtés aussi parfois, car certains de ses propos m'ont fait réagir. Je pense d'ailleurs qu'ils feront réagir bien des lecteurs.

Au fil de nos échanges, j'ai compris certaines choses.

Tout d'abord, on a beau être un président d'une société du CAC 40, on n'en reste pas moins un Français comme les autres. N'allez pas chercher chez cet homme un luxe tape-à-l'œil ou des signes malsains d'opulence. Bien sûr, Xavier Fontanet n'a pas le salaire de monsieur tout le monde ; bien sûr, il peut se permettre certains plaisirs, certains conforts. Mais très franchement, rien de grandiose ni de démesuré.

Mais là n'est pas le principal enseignement. Xavier Fontanet a une pensée libérale raisonnable et assumée. À soixante ans, l'homme a réfléchi, il a confronté ses idées à la réalité au fil de ses expériences, partout dans le monde. Sa réussite, ou plutôt celle de son entreprise, lui confère une légitimité certaine. Bref, il sait de quoi il parle, et pourtant on ne l'entend pas assez !

J'ai eu le sentiment au cours de nos échanges d'entendre un son nouveau qui a un grand mérite : celui de « dédiaboliser » l'entreprise, l'économie de marché et la mondialisation.

L'entreprise, à mes yeux, était simplement une communauté tournée vers la réalisation d'un profit. C'est écrit dans tous les livres d'économie de nos écoles, du collège au supérieur. Pour Xavier Fontanet, là n'est pas le sujet. L'entreprise rend avant tout un service, et le profit n'en est que la récompense.

L'économie de marché n'est pas cette jungle où règne irrémédiablement la loi du plus fort. Elle n'est pas cet état de nature ultra-violent où les petits n'ont pas leur place. Au travers notamment du commentaire de Hayek, de Schumpeter, et surtout de Bruce Henderson, dont vous découvrirez certainement le nom dans cet ouvrage, vous comprendrez que chacun a sa place dans cette économie. À condition de jouer le jeu, de se spécialiser, de s'ouvrir à l'international et de s'adapter sans cesse.

Autrement dit, plutôt que de nous battre pour conserver des « acquis » – ce terme est intéressant puisqu'il sous-entend d'une certaine façon que notre société est figée à jamais –, battons-nous pour nous adapter, pour aller défier les meilleurs dans nos domaines. Présenté ainsi, le *challenge* a de quoi séduire puisque nous avons tous à y gagner.

Voilà aussi un homme qui ose affirmer que la mondialisation est une chance pour qui veut bien y participer. Il est amusant de lire une telle assertion alors qu'une crise traverse l'ensemble de nos économies. Là encore, la parole de Xavier Fontanet a du sens puisque son groupe s'est notamment développé en Inde, en Chine, aux États-Unis, en Corée, pour devenir le *leader* mondial de l'optique ophtalmique. L'homme a suffisamment de recul pour mesurer les bienfaits de cette internationalisation. Il a aussi la sagesse nécessaire pour discerner et souligner, quand il le faut, les excès d'un système.

Le président d'Essilor a bien sûr réfléchi aux clés du succès d'une entreprise française dans la mondialisation. Mais son analyse va bien au-delà. Il a un profond attachement à la France. Il a aussi une vision claire de la façon dont devrait évoluer notre pays. Sa parole n'a rien de politique. Elle est le fruit de son parcours, de son expérience. Elle est pleine de bon sens.

Ce que j'aime chez Xavier Fontanet, c'est la remise en cause permanente des idées les plus admises. Des choses qui vous semblent des évidences, que l'on vous a apprises et répétées des années durant méritent toujours pour lui d'être discutées.

D'une certaine façon, il est une « torpille », qui a toujours l'envie et le besoin de retourner à l'origine des choses pour les accepter ou les réfuter. C'est donc une pensée toujours en éveil. Il faut suivre ! Ses cheminements sont parfois déroutants, mais tout est toujours construit et lu à l'aune de sa formidable expérience.

Le plus remarquable enfin, c'est l'honnêteté de ce chef d'entreprise. L'économie de marché est à ses yeux un système vertueux qui n'en a pas moins connu des dérives inacceptables, à l'origine d'une rupture de confiance. Le patron-auteur souligne ses excès sans concession. Pas si courant pour un dirigeant.

J'ai cru que Xavier Fontanet voyait un peu trop la vie en rose, que sa nature optimiste et sa vie trépidante l'empêchaient de voir parfois la réalité des choses. Facile de son siège de président de dire que la mondialisation est un ascenseur social, non ? J'ai eu l'occasion de discuter avec certains salariés d'Essilor. J'en tire une conviction forte : il ne m'a pas menti ! En partant après quarante-trois ans de « maison », l'un des syndicalistes écrit en ce sens : « Nous devons tous conserver l'esprit humain de cette belle entreprise. »

Vous aimerez ou non cet ouvrage. Mais ce qui importe, c'est que, comme moi, vous allez mieux comprendre les ressorts de l'économie de marché. Qui sait ? peut-être même irez-vous travailler demain dans des dispositions différentes...

Laurent Acharian

INTRODUCTION

On ne dit pas assez que nos grandes entreprises, ou plus précisément celles qui ont su se placer sur les marchés mondiaux, tiennent leur cap actuellement malgré la crise. Ce développement, qui est un fait, est la preuve que les Français peuvent très bien s'adapter et participer pleinement à la mondialisation.

Journaux, radios et télévisions donnent pourtant bien de mauvaises nouvelles : fermetures, licenciements... Quand les résultats sont bons, ils sont présentés comme indécents alors qu'il faudrait objectivement se réjouir : au moins quelque chose marche ! Les dividendes sont vilipendés alors qu'ils servent à financer par recyclage les nouvelles activités. La mondialisation est présentée comme la source de tous les problèmes, et les Français attendent de l'État (qui se prête un peu rapidement à ce rôle) une protection : on croirait revenir à l'époque où les paysans se soumettaient à leur seigneur en échange de la protection contre les Huns ou les Normands !

La mondialisation est pourtant une chance considérable pour la société et ses entreprises, il faut le dire. La France ne représente que 5 % de l'économie mondiale. En jouant le jeu de la mondialisation, nos entreprises peuvent devenir vingt fois plus grandes qu'en restant sur le territoire national. Outre ce changement de taille, c'est aussi un changement de nature qui s'offre à elles. Au contact de méthodes, de *process* et de cultures nouvelles, elles et tous leurs collaborateurs grandissent et progressent. On dénigre les entreprises du CAC 40 et du SBF 120, moins connu mais tout aussi important ; elles ont pourtant objectivement fait un sacré chemin dans les vingt dernières années.

La France est un pays toujours très attirant pour son climat, la variété de ses paysages, la profondeur de sa culture et, ce qui est rare, l'esprit à la fois créatif et conceptuel de ses habitants. Le pays peut attirer les multinationales.

Il faut cependant comprendre que les grèves répétées des dockers du Havre ou de Marseille, les comportements et les images véhiculés par des cas comme Caterpillar à Grenoble, ont fait des ravages épouvantables dans l'idée que l'étranger a de ces régions (il ne faut pas prendre les responsables des grands groupes multinationaux pour des idiots masochistes !). On en arrive au point où l'on peut se demander quelles entreprises internationales vont désormais vouloir s'y installer. Les dégâts que font ces histoires déteignent actuellement sur le pays tout entier. Il suffit de voyager et de discuter, chez eux, avec les dirigeants des très grandes entreprises étrangères pour s'en rendre compte. Il faut que chacun, y compris dans les milieux médiatiques et syndicaux, comprenne qu'il participe à la construction de l'image du pays. Ce livre a aussi été écrit en pensant à eux.

La mondialisation oblige désormais les États à remettre en cause une partie de leur fonctionnement. On en voit qui se transforment complètement et d'autres, comme le nôtre, qui hésitent encore à le faire.

Depuis une bonne trentaine d'années, l'État français se distingue par une très nette tendance à l'hypertrophie. Son champ d'activités s'est très largement étendu au-delà de la sphère régalienne. La part de la sphère publique est passée de 27 % du PIB à la mort du président Pompidou à 56 % aujourd'hui. Cette tendance maintenue année après année s'est accompagnée de déficits budgétaires. Ils semblaient supportables au départ mais, cumulés, ils nous ont conduits en trente ans à avoir une dette égale à 80 % de notre PIB.

C'est aujourd'hui la limite du supportable (nous avons senti le vent du boulet avec la crise grecque et vivons désormais sur le fil du rasoir). Comme notre fiscalité est l'une des plus élevées du monde et que les prêteurs commencent à se montrer récalcitrants, notre État prend enfin conscience de l'impasse dans laquelle il se trouve.

Pour justifier cette montée en puissance, l'État et les politiques se sont plutôt positionnés en protecteurs face à la mondialisation et en contrepoids de l'économie de marché. Ce faisant, ils ont mis implicitement tous les acteurs de la mondialisation, les entreprises notamment, du côté des agresseurs. Nous sommes en pleine contradiction : les entreprises, qui sont probablement les mieux placées pour faire profiter un pays des bienfaits de la mondialisation, sont montrées du doigt.

Je ne me fais pas d'illusions. Ce que je vais expliquer est à contre-courant de ce que l'on entend tous les jours. Cela risque fort de ne pas être compris. Pourtant, l'expérience que j'ai vécue chez Essilor, depuis vingt ans comme directeur général (DG) puis comme président est, à mes yeux, tellement porteuse de sens que je pense important de la partager avec vous.

Je ne suis pas naïf, je sais que le mal rôde partout, qu'il y a eu et qu'il y a encore des comportements inacceptables, mais je prendrai un parti résolument positif.

On reproche aux chefs d'entreprise de ne pas s'exprimer. Il faut bien comprendre que nous sommes dans le faire beaucoup plus que dans le dire. Avec ce livre, je vais tenter de vous dire les choses telles que je les ressens.

Je commencerai par l'histoire de la maison Essilor, qui vous permettra de comprendre ce que j'ai vécu depuis vingt ans.

Je tenterai de vous montrer que l'entreprise n'est pas l'horreur trop souvent décrite. C'est un lieu où l'on apprend un métier, où les personnalités se développent et où l'on vit dans un climat de… confiance.

Dès que la confiance s'instaure, un petit miracle se produit, la flexibilité devient possible, les gens n'ont plus peur de bouger, l'initiative se développe spontanément. La flexibilité dont chacun est capable est fonction de la confiance que l'on a en soi, de la confiance que l'on a dans les autres et de la confiance que l'on a dans le système. Les sociétés à l'intérieur desquelles règne la confiance évoluent constamment et peuvent anticiper les mouvements. Celles où règne la méfiance au contraire se figent et seront de plus en plus en difficulté dans un monde où tout va bouger. La confiance est probablement le plus grand actif d'une entreprise ; ceci est, à mes yeux, aussi vrai à l'échelle d'un pays.

La méfiance des Français ne se borne malheureusement pas à l'entreprise. Elle s'étend à l'économie de marché tout entière. Laquelle leur a été, il faut le dire, présentée de façon complètement déformée. Il faut donc revenir à la réalité de cette économie de marché. Je vous expliquerai que sa base n'est pas la production (comme Marx et d'autres ont tenté de vous l'expliquer), mais l'échange ! À partir du moment où l'on a compris que tout commence par l'échange, tout devient plus lisible.

Bien sûr, l'économie de marché a connu des dérèglements, loin de moi l'idée de le nier, mes quarante ans dans l'entreprise, partout dans le monde, m'ont rendu réaliste. Certains excès doivent donc absolument être corrigés. Pour autant, aucun pays ne peut vivre en dehors de l'économie de marché ou, plus exactement, tirer bénéfice à s'en protéger. Ce serait se mettre hors jeu, au risque de passer à côté de la croissance et de voir l'influence du pays décliner inexorablement.

Retrouver la confiance en soi, dans ses collègues et dans le système est nécessaire pour travailler dans de bonnes conditions. Ceux qui l'ont savent d'ailleurs que cela va plus loin : la confiance permet une extraordinaire efficacité, les gens, bien dans leur peau, sont créatifs et entreprenants ; mais, pour que cette confiance perdure, encore faut-il que la stratégie soit bonne ; sans une bonne stratégie, l'entreprise ne peut pas bien marcher, et la confiance, alors, s'étiole.

Pour que la stratégie d'une entreprise soit bonne, il faut que ses dirigeants comprennent les ressorts de l'économie et des systèmes concurrentiels. Les cours d'économie, hélas, expliquent l'économie d'il y a cent cinquante ans. Ils sont à mes yeux complètement dépassés et, en particulier, ne permettent absolument pas d'expliquer la concurrence, celle dans laquelle vont baigner nos enfants. Il y a là un effort conceptuel à fournir. Aussi, je vous demanderai de mettre vos crampons et de me suivre dans une petite ascension ; elle demande un certain effort… vous n'êtes pas obligés de me suivre et vous pouvez passer les trois chapitres qui y sont consacrés, mais, si vous me suivez tout au long de la montée, je vous promets que vous ne le regretterez pas !

La finance a été le lieu d'effroyables dérèglements. J'essaierai de vous décrire avec des exemples de terrain quelle en a été l'origine. Je pense notamment à l'orgueil, et à l'illusion de ceux qui souvent ont cru qu'ils pourraient s'affranchir du temps. Je m'efforcerai de vous montrer aussi que le marché financier et la finance sont des leviers extraordinaires, si l'on s'en sert normalement et honnêtement.

Nos sphères publiques ne peuvent pas rester de simples observatrices de cette transformation de l'économie mondiale. Elles doivent se réinventer sous peine de rendre les acteurs privés moins manœuvrants et de faire souffrir leur pays. Elles doivent aussi faire pleinement confiance aux entreprises et les intégrer de façon positive dans leur vision.

Il s'agit en particulier de revoir les politiques industrielles devenues difficiles du fait de l'endettement des États, qui les prive de moyens.

Je donnerai quelques pistes tirées de mes voyages incessants autour du monde pendant quarante ans.

Les Français ont tout pour réussir, leurs entreprises d'envergure mondiale en sont la preuve. Ils doivent reprendre confiance en eux et dans le système. Ils doivent exorciser leurs démons. Il faut aussi, et peut-être surtout, qu'ils fassent confiance à leurs entreprises. Si les Français n'arrivent pas à aimer leurs entreprises, ils seront en difficulté dans le monde qui vient. Cela vaut pour les médias, et aussi pour la sphère publique. Par leurs positions mondiales, les entreprises sont les mieux placées pour nous faire bénéficier des bienfaits de la mondialisation. Si nous leur faisons confiance et si nous avons confiance en nous, alors tout peut changer !

PARTIE I

**L'ENTREPRISE,
C'EST L'AVENTURE D'AUJOURD'HUI**

L'HISTOIRE D'ESSILOR

À ce stade, il semble utile de mieux faire comprendre la vie d'une entreprise à travers l'histoire du groupe Essilor, quand bien même nous retrouverons cette histoire tout au long de ce livre, en différents exemples.

Naissance

Essilor est né en 1972 de la fusion de deux PME, réalisant à l'époque 30 millions d'euros de chiffre d'affaires.

La première entreprise, Essel, société des lunetiers, coopérative ouvrière née en 1849, était possédée par tous ses employés. *Leader* français du verre minéral, inventeur des montures Nylor – celles qui utilisent un fil Nylon pour attacher le verre à la monture –, elle était connue surtout pour son déjà fameux verre Varilux, qui allait être la locomotive du groupe, mis au point dix ans plus tôt par Bernard Maitenaz, qui devint ensuite président du groupe de 1980 à 1991.

La seconde, Silor, filiale industrielle du groupe Lissac, produisait des montures – les montures Amor, celles qui avaient des amortisseurs ! – et les verres Orma, les premiers verres ophtalmiques produits en matière plastique. Il faut se souvenir qu'à l'époque la très grande majorité des verres était en verre comme les vitres de votre appartement ou de votre maison. Cette affaire était possédée à 100 % par Georges Lissac, bien connu pour ses magasins du même nom.

Les deux sociétés étaient concurrentes mais comprirent dès le début des années 1960 que la guéguerre franco-française n'avait finalement plus beaucoup de sens, Raymond-Jules Cottet et Georges Lissac avaient pris des contacts discrets et discutaient régulièrement. Il fallait anticiper et grandir en s'appuyant sur des produits exceptionnels (Varilux et Orma) protégés par des brevets déjà mondiaux. Raymond-Jules Cottet et Georges Lissac ne purent mener eux-mêmes à bien le projet, mais ils avaient eu la sagesse, avant leur décès, de demander à leurs successeurs, Anatole Temkine du côté Essel et René Grandperret côté Silor, de s'y employer. La discussion prit quelques années mais aboutit en 1972. Certains parlèrent à l'époque de « mariage de la carpe et du lapin ». C'était sans doute exagéré mais cela traduisait bien la différence importante entre les deux cultures d'entreprise et les appréhensions qui en découlaient.

Sans la fusion, les deux sociétés se seraient probablement affaiblies avant de se faire reprendre par les *leaders* américains ou allemands. American Optical, Zeiss ou Rodenstock étaient à l'époque quatre à cinq fois plus gros qu'elles.

Silor et Essel incarnaient deux visions de la France de l'époque : une entreprise possédée par une famille, la famille Lissac ; du côté d'Essel, on avait fait du chemin depuis la coopérative proudhonienne de 1849, la société était une société en commandite où les cadres contrôlaient l'ensemble du capital, mais l'histoire était présente dans les esprits.

Cette fusion s'est faite en respectant les deux entreprises : aucune n'a pris le dessus sur l'autre.

Les deux PDG du nouveau groupe, René Grandperret et Anatole Temkine, avaient des caractères totalement différents. Ils alternaient chaque année au poste suprême en donnant à toutes les équipes un exemple clair d'esprit de coopération et de respect. Ce bon démarrage et cet exemple venu d'en haut ont été fondamentaux. Le respect, l'écoute étaient désormais inscrits dans les gènes de l'entreprise, ce qui par la suite l'a considérablement aidée à croître par *joint venture* ou par acquisition.

L'autre innovation de l'époque fut Valoptec, imaginée préalablement à la fusion et réceptacle des actions des employés ; du côté Essel, le capital était aux mains des cadres ; du côté Silor, la famille Lissac décida de vendre une partie de ses actions aux cadres dirigeants qui purent ainsi rejoindre Valoptec avec les enfants Lissac.

Mettre au point une gouvernance qui tienne la route est une des caractéristiques clés de toute entreprise. Le grand public n'y prête souvent pas attention. C'est pourtant la condition de la réussite à long terme d'une société. Comprendre Valoptec est essentiel à qui veut comprendre Essilor.

Le credo de Valoptec

Valoptec avait écrit son credo sur une page. Les Essiloriens étaient à l'époque des techniciens de génie et la littérature n'était pas leur métier. Cette simplicité dans leur expression leur a évité de jouer avec les mots et les a poussés à n'utiliser que des concepts très simples, très bien compris par tous. Ces mots ont résisté au temps et ont franchi les frontières aussi allégrement que les produits de l'entreprise.

Que disait cette fameuse charte ?

« Valoptec est une association de personnes, responsables, associées au capital, désireuses de s'unir pour construire ensemble leur destin, autant que faire se peut, en agissant sur leur activité essentielle, leur entreprise. »

Peut-on dire plus de choses avec moins de mots ?

Vous avez ici une petite synthèse des meilleurs côtés du capitalisme : le respect du capital, la prise de risques, le constat que l'entreprise – et non l'État ! – est à la base de la prospérité économique (on se prend en main). La charte combine aussi le nécessaire réalisme (« autant que faire se peut » !) avec les bons côtés du socialisme (on est solidaires dans la prise de risque !). Bref, dans cette histoire, avant de gagner de l'argent, on construit une aventure, un destin commun.

Les valeurs d'Essilor n'ont pas bougé. Elles sont peut-être encore plus pertinentes quarante ans après : confiance ; respect – respect de la personne et culture du dialogue ; autonomie ; décentralisation dans la transparence (comment aurions-nous construit Essilor sans des gens autonomes acceptant la transparence en échange des responsabilités qu'on leur confie ?).

L'histoire d'Essilor aurait moins de valeur si elle ne s'appuyait pas sur un métier exigeant et technologique que cette entreprise n'a cessé de faire évoluer dans toutes les régions du monde.

Ce message, tout le monde le comprend, de Bangalore à Pékin en passant par Oakland. Tout y est dit.

Une décision importante : l'entrée en bourse

La Bourse et l'action Essilor ont été, depuis les débuts de Valoptec, le tuteur, le juge, le levier, le ciment et la fierté du groupe au travers de l'actionnariat salarié. Entrer en Bourse, c'était implicitement accepter de faire du profit.

Nous savons très bien qu'il faut gagner de l'argent, ne serait-ce que pour investir et parce que c'est un gage d'indépendance, mais l'objectif formulé d'Essilor n'a jamais été de « faire de l'argent ». Notre obsession a toujours été les produits, le service quotidien des 300 000 clients opticiens et la conquête géographique. L'argent n'est que le résultat de cette démarche, une marque d'estime du client et le signe qu'il faut continuer.

En trente-sept ans, l'entreprise a été multipliée par plus de cent, et une action qui valait 0,25 euro en 1973 en vaut 49 aujourd'hui. En termes simples, les ventes ont été multipliées par 110, et la capitalisation par 196 !

Ces chiffres peuvent donner le vertige, mais il faut les relativiser.

Sur la durée – tout est affaire de durée –, une multiplication par 110 en trente-sept ans correspond à une croissance de 13 % par an, et une multiplication par 196 à 15 % par an. C'est élevé, mais ce n'est pas surréaliste. On a même vu certains faire beaucoup mieux dans un laps de temps plus court.

En réalité, nous sommes des marathoniens plus que des *sprinters*. Nous gérons notre course, kilomètre après kilomètre, sans essayer d'aller plus vite que la musique au risque d'exploser en route.

1972-1990[2]

Pendant les premières années de la fusion, le travail de rapprochement fut facilité par la forte croissance que connut alors le groupe. Ce fut l'époque d'une conquête du monde par Silor d'un côté et par Essel de l'autre, des usines d'organiques du côté de Silor et des laboratoires de prescription par les ex-Essel. La chance de la fusion

---

2. Lire TEXTILE et OPTIQUE dans le glossaire avant de poursuivre, p. 233.

est qu'elle s'est faite dans un esprit de conquête par deux entreprises qui étaient déjà segmentées et complémentaires. On mit l'ensemble des équipes commerciales sous la responsabilité de Gérard Cottet, qui devint ultérieurement président du groupe de 1991 à 1996.

Sans le savoir, Essilor s'inspirait du conseil du général De Gaulle : « La meilleure façon de bâtir l'Europe, c'est que les Européens bâtissent ensemble hors d'Europe. » En un sens, ce dont rêvait le Général, la « mini-France » d'Essilor l'a fait !

Les filiales issues d'Essel acquirent leurs importateurs européens pour en faire des filiales de plein exercice. La *joint venture* formée avec Hoya, démarrée avant la fusion, eut un solide développement, elle fut un premier contact industriel avec le Japon et la source de confortables profits qui permirent de financer bien des filiales ; les équipes d'Essel plantèrent le drapeau Varilux aux États-Unis, plus précisément en Californie.

Au même moment, les équipes Silor implantèrent partout dans le monde des usines de verres organiques. D'abord aux Philippines sous l'impulsion de Vincent Darnaud aidé par Gérard Gaumond. Nos « moines-soldats » construisirent ensuite à Manaus en pleine forêt amazonienne, à Chihuaha dans le désert du Mexique et à Saint Petersburg en Floride.

La répartition des rôles était claire : Silor, c'était le matériau organique ; Essel, c'était le *design*, le laboratoire de prescription et le progressif en somme.

Grâce à ce développement, Essilor avait rattrapé le peloton des grands de l'optique et devint *leader* mondial des verres ophtalmiques entre 1987 et 1988. Nous étions cependant très en retard pour les montures et les verres de contact ainsi qu'en matière d'implants intraoculaires.

Recentrage : 1991-1996

Au début des années 1990, Gérard Cottet, succédant à Bernard Maitenaz, m'appela comme directeur général (DG) et Philippe Alfroid prit la direction financière.

À cette époque, des réseaux commerciaux spécialisés ont fait leur apparition. Le réseau généraliste – verres, montures, contacts –, que l'on appelait aux États-Unis le *one stop shopping,* était le modèle des grands lunetiers complets (Zeiss, Essilor, Nikon, Bausch and Lomb, American Optical). De nouveaux venus apparaissaient : Luxottica dans les montures, Johnson and Johnson dans les verres de contact, Alcon dans les implants, Sola et Hoya dans les verres ophtalmiques. Ces marques démontraient qu'un réseau spécialisé était plus efficace qu'un réseau pluri-activités.

Essilor a été le premier des généralistes à comprendre la nécessité de se spécialiser et a choisi de se concentrer sur les verres. C'était notre point fort. La partie était en revanche mal engagée dans les montures, les verres de contact et les implants intra-oculaires où Luxottica, Johnson and Johnson et Alcon excellaient.

Le recentrage d'Essilor sur les verres conduisit l'entreprise à renoncer à près du quart de son chiffre d'affaires. Cela nous a occupés près de cinq ans. Cela a consisté à vendre les implants, les verres de contact et à apporter le gros des montures au groupe Logo contre une participation au capital que nous avons progressivement réduite par la suite. Nous avons gardé les montures Cartier qui furent cédées dix ans plus tard au groupe Cartier désireux alors de s'intégrer en production.

Ce ne fut pas une période facile ; Valoptec assura à la direction générale un soutien sans faille, soutien sans lequel des mouvements aussi radicaux n'auraient pas été possibles ; les syndicats furent des interlocuteurs à la fois constructifs et fiables, ils avaient tous très bien compris les axes choisis ; facteur favorable, le secteur verres se développa fortement, ce qui fait que l'entreprise connut une légère croissance malgré tout.

Le seul domaine où Essilor investit durant cette période fut celui du verre photochromique plastique. Ce verre fonce au soleil et permet d'avoir en quelque sorte tout en un : un verre transparent qui est aussi un verre solaire. Le grand groupe américain PPG – un concurrent de Saint-Gobain – avait des brevets dans ce domaine mais avait besoin d'un partenaire pour incorporer les pigments dans les verres plastiques. Essilor et PPG se connaissaient depuis longtemps, PPG ayant développé le C39, composant de base des premiers verres organiques, dont la mise au point avait été l'occasion de construire un climat de confiance entre les deux entreprises ; ce fut donc naturel pour elles de créer une *joint venture*, Transitions, en 1991.

L'alliance avec ce groupe très prestigieux nous a permis d'enrichir avec lui le marché ophtalmique par des produits de haute technologie. Cela a également été considéré comme l'adoubement d'Essilor par l'Amérique profonde. PPG nous a incontestablement aidés à grandir, à comprendre ce grand pays ; nous sommes infiniment reconnaissants à ses deux présidents, Ray Lebeuf et Chuck Bunch, et à Rick Elias, son DG, d'avoir choisi de faire ce chemin avec nous.

1996-2005

Une fois repositionné et débarrassé de sa dette en 1995, Essilor a accéléré son développement dans les verres. Ce fut l'époque où Philippe Alfroid et moi-même devînmes les deux mandataires de la maison, moi-même comme PDG, Philippe Alfroid comme DG.

Les concurrents d'Essilor n'étaient plus les grands généralistes d'hier (Zeiss, American Optical, Rodenstock) mais les spécialistes des verres comme Hoya le japonais et Sola, un australo-américain, qui étaient sur nos talons.

Les années suivantes ont été marquées par l'intensification de la mondialisation puisque 80 % de l'investissement d'Essilor est alors réalisé hors de l'Europe. Sur le terrain, l'investissement a pris la forme d'une bataille technique et géographique entre Sola, Hoya et Essilor, une sorte de jeu de go et de Packman grandeur nature comme le soulignait assez justement un grand quotidien !

En 1990, Essilor était devant Hoya et Sola, mais les devançait de peu. Le point inquiétant pour Essilor était que ses concurrents croissaient plus vite que lui. L'entreprise avait dû il est vrai financer ses montures, ses verres de contact et ses implants avec les revenus de ses seuls verres ophtalmiques, ça les avait freinés. Se concentrer uniquement sur eux devait permettre de retrouver une croissance plus dynamique. C'était du moins notre pari.

Sola, l'australien, avait implanté son siège en Californie. Hoya avait tissé sa toile en Asie en cercles concentriques et commençait à attaquer l'Europe. Essilor était certes *leader*, mais nous étions dans leur ligne de mire à tous les deux.

Sola a fait alors une erreur tactique. En pensant pouvoir devenir le *leader* mondial du semi-fini, Sola négligea les laboratoires. Essilor s'est engouffré immédiatement dans la brèche. Nous nous sommes alors lancés dans l'achat de laboratoires aux États-Unis, en Australie et en Nouvelle-Zélande, pays où Sola était particulièrement bien implanté. Le mouvement a été extraordinairement vif.

Nous n'étions plus endettés, nous pouvions nous le permettre. Sola a pris conscience tardivement de son erreur. Il s'est mis alors énergiquement en quête de laboratoires, mais Essilor avait creusé l'écart. Dans les affaires, la vitesse d'exécution est primordiale.

L'achat de laboratoires aux États-Unis a été évidemment beaucoup plus loin qu'un simple jeu contre Sola. Nous avons créé une magnifique entreprise qui est aujourd'hui, avec la baisse de l'euro, la plus grosse entité du groupe. Notre implantation américaine a transformé Essilor dans les années 1995-1998 en nous faisant passer du statut d'entreprise européenne à celui d'entreprise occidentale. La formidable puissance américaine, la joie de vivre, le dynamisme, le professionnalisme des Américains a énormément apporté à la maison.

Le web, les mutuelles, le *marketing*, la vitesse d'exécution, tout cela, l'Amérique l'a appris à Essilor. L'Amérique nous a insufflé sa confiance en l'avenir, sa conviction que le monde sera meilleur, sa capacité à se relever en cas d'erreur.

Nous avons mené une bataille homérique pendant sept ans contre Johnson and Johnson, entreprise mythique américaine. *Leader* dans le domaine des verres de contact, Johnson and Johnson décida au milieu des années 1990 d'entrer dans le domaine des verres. Il investit contre nous des sommes inimaginables ; malgré cela nous avons su le contenir, et il décida finalement de nous vendre son affaire. Je dois dire que, dans cette bataille à la fois longue et intense, Hubert Sagnières, qui deviendra DG du groupe, m'a littéralement époustouflé.

La prospérité actuelle d'Essilor, nous la devons vraiment à cet investissement qui nous a permis de marcher sur deux jambes (Europe/Amérique) pour partir à la conquête de la Chine et de l'Inde.

Avec Hoya, *leader* au Japon et en Asie à l'époque, la bataille a eu lieu sur un autre plan. Hoya était, comme Essilor, persuadé qu'il était impossible de dissocier semi-fini et finition. Hoya est au Japon un groupe emblématique, symbole d'efficacité opérationnelle dans la tradition samouraï : la bataille fut frontale et mondiale.

Petit retour en arrière : nous avions en 1992 mis fin, pendant la période de recentrage, à la *joint venture* japonaise montée avec eux, du temps d'Essel, vingt ans plus tôt ; dans cette affaire ils furent très corrects : ils nous concurrençaient partout dans le monde, notamment sur les progressifs, nous ne pouvions pas être concurrents et alliés, nous voulions une situation claire et souhaitions repartir sur des bases saines. Pour cela, il fallait accepter de faire un pas en arrière.

Essilor a donc perdu tout ce qu'il avait au Japon (sauf la marque). Bien nous en a pris ! Cela nous a permis huit ans plus tard de nous allier avec Nikon et de revenir défier Hoya sur ses terres.

Au-delà du mouvement stratégique, nous formions dix ans après une *joint venture* avec PPG, un groupe véritablement mondial. Nikon est une des entreprises japonaises les plus prestigieuses, connue partout dans le monde pour ses appareils photo. Nikon est aussi le *leader* international du *stepper*, la machine qui permet de produire les microprocesseurs. Le *stepper* est au cœur des progrès de l'industrie informatique. Le doublement de la puissance et de la vitesse de nos ordinateurs tous les cinq ans, nous le devons aux *steppers* et en particulier à ceux de Nikon. Ceci est très peu connu, car Nikon est une société discrète conduite par de grands scientifiques comme beaucoup d'affaires au Japon. Les progrès majeurs ont consisté à miniaturiser les produits. La vitesse de la lumière étant constante, plus on réduit, plus on compacte, mieux on arrive à domestiquer le nanomètre, plus on permet au microprocesseur d'être puissant et rapide. En la matière, Nikon est à l'avant-garde mondiale, et nous sommes fiers d'être associés à un tel partenaire...

Le *stepper* permet la montée en puissance des microprocesseurs mais aussi des *softwares*. Tout le gotha de l'informatique (Intel, Samsung, Microsoft) défile donc en permanence chez Nikon pour comprendre les performances des futurs *steppers*, qui déterminent la puissance des microprocesseurs et conditionnent la conception des *softwares*.

Quand on pénètre l'intimité d'un tel groupe, on mesure l'extraordinaire puissance du Japon. Les articles sur la stagnation de ce pays me font sourire. Le Japon est toujours là ! Je constate même que son avance en matière de composants électroniques sophistiqués, à destination des professionnels ou du grand public, ne fait que s'accroître actuellement.

Comme avec PPG dix ans plus tôt, le choix de Nikon nous a fait changer de catégorie.

Nikon est un des membres du groupe Mitsubishi, et c'est un honneur pour nous d'y être désormais associés. Nous sommes, chez Essilor, reconnaissants à M. Yoshida, président de Nikon, de nous avoir fait confiance et d'avoir accepté de conclure, pour la première fois dans l'histoire de Nikon, une joint venture avec un groupe étranger, à

M. Enya de l'avoir construite avec nous, à MM. Karyia et Kimura d'avoir poursuivi la collaboration. Approcher et travailler sur la durée avec ces personnalités exceptionnelles qui dirigent une société au cœur de la technologie mondiale est une expérience unique.

Sur le plan de notre activité, nous étions désormais pleinement actifs sur le marché japonais. Essilor avait l'impression d'être un joueur de tennis qui découvre une nouvelle surface et des adversaires au jeu inconnu. Se confronter à eux a été un enrichissement. Nous avons retenu des enseignements que nous utilisons aujourd'hui sur d'autres terrains. Le Japon a été pour nous l'entrée de plain-pied en Asie et les débuts d'une nouvelle aventure.

Le Japon est en effet au centre de ce qui va être, très prochainement, la zone la plus puissante du monde. Piquez la pointe d'un compas sur le sud du Japon et prenez un rayon de 1 000 km, vous avez sur la circonférence Tokyo, Séoul, Shanghai, Hong Kong, Taipeh... tout simplement. Le pendant en *cash* de nos dettes est là !

Essilor a vite compris l'importance des positions de Hoya en Corée. Nous avons appliqué la même méthode qu'au Japon : une *joint venture* avec la branche ophtalmique de Samyung trading, un conglomérat familial fondé par la famille Lee. Essilor Korea était né !

Nous avons découvert les qualités industrielles coréennes. Les Coréens ont l'art de tout simplifier, ce sont des producteurs-nés. Ils ont une vitesse dans l'exécution que nous ne connaissons pas ailleurs dans le monde. Comme les Japonais, ils ont le sens du détail et réussissent à concilier tradition et modernité. Ce pays a un ressort phénoménal, et sa population une énergie exceptionnelle. Il faudrait que les Français aillent voir ce qui se passe sur place ! Travailler avec eux procure un sentiment grisant. Nous sommes reconnaissants à CT Lee et sa famille de la confiance qu'ils nous ont faite en choisissant de se lier à nous.

Autant une affaire européenne peut être de plein exercice chez elle en Europe ou même en Amérique du Nord, qui est une zone culturellement issue de l'Europe, autant, en Asie, nous avons pensé qu'il fallait nous allier.

Tout l'équilibre concurrentiel de l'industrie a été bouleversé par nos deux dernières *joint ventures* au Japon et en Corée. Elles nous ont donné accès à la recherche et développement et surtout aux talents de ces deux grands pays.

Replaçons-nous quelques années auparavant, en 1993 exactement.

Nous hésitions dans notre développement. Que choisir ? Chine ? Inde ? Russie ?

Nous ne pouvions démarrer que dans deux pays à la fois, faute de ressources humaines essentiellement. Il nous a très vite semblé que les deux premiers avaient des États régaliens forts, condition absolument nécessaire pour qu'une société comme Essilor puisse se développer. On affirme souvent à tort que les entreprises n'aiment pas les États. Mauvais procès ! Il suffit de travailler, ou plutôt de chercher à travailler dans des pays sans État régalien fort pour comprendre ! Nous sommes partis en Chine en 1993, puis en Inde en 1995, en nous disant que la Russie attendrait un peu. Nous sommes très peu à avoir investi massivement aussi tôt. Cela nous a ouvert d'immenses perspectives. Le navire Essilor découvrait deux nouveaux océans !

Notre aventure chinoise a commencé au tout début des années 1990 par de la prospection. La Chine, à l'époque, n'était pas ouverte. Nous avions commencé à y rechercher des sous-traitants, pour prendre la mesure de l'industrie. Tous ceux qui comme nous ont visité très tôt la Chine et y sont allés plusieurs fois par an régulièrement pendant vingt ans vous diront les exceptionnels progrès constatés. À chacun de nos voyages, pourtant très peu espacés, nous ne reconnaissions pas l'environnement de nos usines, tant l'industrialisation du pays se faisait rapidement autour d'elles. Nous savions que la Chine était en fait beaucoup plus grande que ce que les statistiques indiquaient. Il suffisait de visiter les immenses zones industrielles remplies d'usines chinoises et où se retrouvait tout le gotha des grandes entreprises mondiales. Il fallait observer aussi les ports de Hong-Kong, de Shanghai et le trafic de Singapour.

Ce qu'a fait le peuple chinois dans les vingt dernières années, je crois qu'aucun peuple n'a su le faire dans le monde à une telle vitesse et à une telle échelle. Nous avons vu les libertés économiques se développer, les gens voyager, les villes exploser, les personnes rajeunir, car elles ont eu de l'argent pour mieux prendre soin d'elles. Ceux qui ont eu la chance d'accompagner ces progrès sont sidérés, il n'y a pas d'autre mot. Il faut comprendre que les Chinois visent maintenant à développer le centre de leur pays car il y a trop de différence entre la côte et la campagne, ce qui crée des tensions de toutes sortes ; il est évident que leur puissance nous bouscule et nous interroge, nous Occidentaux ; la Chine sait aujourd'hui que son harmonie interne ne sera durable que si elle intègre également l'impact qu'elle a sur nous ; ceci dit, la Chine attend que nous fassions des efforts de réorganisation chez nous, elle en a elle-même tellement faits !

Nous avons vécu ce décollage exceptionnel et ne pouvons pas comprendre les réticences de certains de nos compatriotes au changement. Nous avons beaucoup de mal à comprendre toutes ces frilosités.

L'Inde a été une autre belle histoire. Les Indiens ont des yeux plus petits que les Chinois. Le marché chinois est un marché de myopes, donc un marché pour les usines. Les myopes peuvent se traiter avec des verres de stock produits dans des usines sans transformation ultérieure. Les Indiens, eux, sont hypermétropes et presbytes, l'Inde est donc un marché de laboratoires de finition. En effet, il n'est possible de fabriquer la variété des verres nécessaires à la correction de la presbytie que par un système de production en deux étapes.

Nous avons déjà une trentaine de laboratoires en Inde. Nous y avons fait beaucoup d'acquisitions et de *joint ventures*. L'Inde est en train de se faire une place dans l'économie mondiale avec le service informatique. Il y a énormément d'Indiens qui se sont formés et ont travaillé aux États-Unis. Ils sont un actif humain colossal pour leur pays. Les grandes familles industrielles indiennes entrent maintenant véritablement dans le jeu mondial. Elles se sont lancées quelques années après la Chine, mais ceci n'est rien au regard de l'histoire. L'Inde est anglophone, ce qui est au quotidien un atout considérable.

Dans vingt ou trente ans, il y aura trois pôles : l'Inde, la Chine et l'Occident, car les distinctions entre les États-Unis et l'Europe sont, au regard de ces deux géants, complètement secondaires. L'Amérique du Sud et l'Afrique prendront eux aussi leur envol, mais à horizon de vingt ans, on connaît déjà le trio de tête !

La bataille entre Hoya, Essilor et Sola n'a pas été seulement géographique. Elle a aussi été technique. Essilor avait l'avantage en *design* ; Hoya, aidé par l'industrie japonaise, était plus performant en chimie fine des verres et en couches minces. Essilor a cherché à rattraper Hoya dans ses domaines de prédilection et *vice versa*. Dans ce petit jeu, les alliances avec Nikon et Samyung trading ont créé un vrai changement d'équilibre. Sola n'a pas pu tenir et a été racheté par Zeiss, qui par cette acquisition a rattrapé le peloton de tête.

C'est grâce à cette concurrence, on en reparlera plus tard, que les verres ont évolué si vite en finesse, en transparence et en précision !

2006-2010

Nous avons eu la chance de pouvoir anticiper la crise.

Notre extension géographique nous avait permis de nous battre depuis longtemps sur des terrains où les prix sont très bas (la Chine et l'Inde). L'émergence des créneaux *low cost* en Europe et en Amérique n'a pas été une surprise puisque nous y étions très actifs, condition nécessaire pour grossir en Asie.

La crise proprement financière, nous savions qu'elle arrivait puisque nous avions très tôt (dès l'été 1997) expérimenté des défauts de paiement graves sur des placements garantis de banques pourtant très connues. Nous avions aussi par prudence, dès le début de l'année 2008, entamé des *reengineering* musclés de tout le groupe. Cela nous a permis d'affronter le coup de frein d'octobre.

Nous avons toujours eu un endettement faible, notre rentabilité et le niveau de notre dividende nous ont permis de croître au-dessus de 10 % l'an sans endettement : la crise, en freinant la croissance organique, nous a permis de considérablement augmenter notre *free cash flow*... que nous avons immédiatement utilisé pour faire entrer dans la famille Essilor deux *leaders* mondiaux de métiers connexes au pur verre ophtalmique : Satisloh, *leader* mondial des machines, et FGX, *leader* mondial des lunettes correctrices sans prescription, autrement dit les *readers* ou loupes. Aidée par la baisse de l'euro, la croissance totale du groupe a très peu changé pendant la crise, nous avons réussi à compenser la relative baisse de croissance organique par un surcroît de croissance par acquisition.

Voilà pour le passé. C'est désormais à Hubert Sagnières et à ses équipes de reprendre le flambeau avec le soutien confiant des anciens. Hubert connaît la maison depuis longtemps. Il a réussi la fabuleuse montée de nos affaires en Amérique du Nord, il a fait pendant la crise un travail formidable sur les coûts et les acquisitions. Dans notre système « méritocratique », cette place lui revient naturellement.

Je ne sais comment remercier mes collègues d'Essilor sans qui tout cela aurait été impossible. Le livre est écrit à la lumière de cette expérience unique. Je leur suis, à tous, infiniment reconnaissant.

Note : Essilor en 2010, c'est près de 40 000 salariés dans le monde, 3,8 milliards de chiffres d'affaires et 11 milliards de capitalisation. C'est aussi une implantation industrielle dans plus de cinquante pays. Depuis 2007, la société est cotée au CAC 40 au milieu d'entreprises beaucoup plus importantes qui travaillent sur des marchés beaucoup plus larges. La coopérative française du XIXe siècle est devenue un *leader* mondial. La « petite France », avec ses traditions mais aussi ses contradictions, est partie à la conquête du monde. Elle a réussi son formidable pari en s'appuyant sur des hommes et des femmes comme tout le monde qui ont joué le jeu de la croissance et de la mondialisation. Personne dans la maison ne le regrette aujourd'hui !

TRAVAIL, MÉTIER, CHAMPION

La quête de sens figure au cœur des préoccupations des nouvelles générations. « Que signifie au fond mon travail ? »

Beaucoup d'employeurs font probablement un contresens sur cette demande que nos DRH entendent de plus en plus. Les sociétés encouragent en effet aujourd'hui les missions humanitaires, au travers de fondations. C'est bien mais ça n'est pas suffisant. Les nouvelles générations s'y sentent en effet utiles, au service d'autrui, mais leur demande est plus fondamentale : le sens ne doit pas se situer seulement en dehors de leur travail, il doit être au cœur de chaque fonction. C'est absolument essentiel et cela ne concerne pas seulement les jeunes générations.

Tout le monde connaît l'histoire des casseurs de cailloux. Elle se passe au Moyen Âge pendant la construction de la cathédrale de Chartres. Il est demandé à des ouvriers ce qu'ils font. Ils donnent trois types de réponse :

« Je casse des cailloux », dit le premier.

« Je taille des pierres », dit le deuxième.

« Je construis la cathédrale », explique le troisième.

Le sens ne serait qu'une question de perception en somme. Mais imaginez la différence d'enthousiasme, d'énergie, suivant l'approche que l'on peut avoir de son emploi.

Dans le premier cas, l'ouvrier est automate ; dans le deuxième, il devient artiste ; dans le troisième, c'est un artiste qui participe à une grande aventure. Son histoire s'inscrit dans l'histoire, il passe à la postérité.

Pourtant le marteau est le même, les gestes sont les mêmes mais s'affinent comme par enchantement avec l'expertise : l'un casse, l'autre sculpte, le dernier enfin crée un style. Je suis convaincu que tout le monde participe à sa façon dans son emploi quotidien à une épopée. Il faut juste en prendre conscience.

Autre exemple : l'auditeur. L'une des premières missions d'un auditeur est de faire des inventaires de l'entreprise dont il certifie les comptes. Compter des paires de chaussures ou des bouteilles de parfum dans un entrepôt sans âme peut sembler terriblement rébarbatif. Bien sûr qu'un auditeur fait les comptes, mais sa vraie mission, c'est d'inspirer la confiance dans les chiffres et de contribuer ainsi à la solidité de l'économie.

L'éboueur. Il se lève très tôt, a les mains dans nos ordures tous les jours, risque de se les coincer à chaque fois qu'il les jette dans la benne. Son rôle est essentiel. Nous devons à son activité la propreté de nos villes et donc notre qualité de vie. Il contribue à embellir sa ville, et cela peut faire basculer la décision de l'implantation du siège d'une grande entreprise. Discutez avec des Napolitains qui ont vécu récemment au milieu de tonnes d'ordures, vous comprendrez mieux l'importance de ce métier.

Le travail

Je n'utilise le mot « travail » qu'avec parcimonie. Son étymologie – ce terme vient de *tripalium* en latin, instrument de torture formé de trois échalas – n'est vraiment pas positive. Il y a incontestablement une notion de corvée derrière le mot travail. Cela évoque la répétitivité, l'absence de toute créativité comme l'a si bien montré Charlie Chaplin dans *Les Temps modernes* par exemple. Le travail – à la chaîne dans cette dernière acception – est sécable. On fait des heures et on est absolument interchangeable. On ne détient en somme aucun savoir-faire. La seule perspective est de rapporter un peu d'argent pour vivre. Enfin, il s'agit dans ce cas de vivre en dehors du travail, si la paie est suffisante, ce qui est rarement le cas quand vous ne détenez aucune réelle compétence. Ne pas s'amuser au travail, c'est vivre la moitié de sa vie entre parenthèses. On ne peut pas construire sa vie professionnelle sur le simple concept de travail, sinon on risque de plonger dans une profonde déprime. Essilor a repris des sociétés, dans les anciens pays de l'Est, qui en étaient encore au concept de travail forcé. Les employés n'avaient aucune perspective, ils étaient devenus de simples casseurs de cailloux.

Le métier

Je préfère parler de métier. Le métier, c'est le travail tendu vers la production d'un produit ou d'un service visant la satisfaction d'un client. Le client est présent dans cette notion. Le métier est fait d'un système cohérent de différentes tâches que l'on peut s'approprier et sans cesse améliorer. Il repose sur l'expérience. Plus on l'exerce, plus on l'enrichit en lui apportant de nouvelles composantes. Un métier donne de la dignité à celui qui le maîtrise. Il permet véritablement de s'épanouir, d'autant qu'il est mieux payé qu'un simple travail et permet d'accéder plus facilement à la propriété.

Le métier demande de s'impliquer, de réfléchir. Il permet l'innovation et crée des différences. Bref, il ennoblit le travail, et cela d'autant plus qu'il se transmet de génération en génération. Celui qui a un métier a le devoir de le partager avant de se retirer. C'est donc un formidable facteur de cohésion entre juniors et seniors. Ces derniers doivent léguer un métier amélioré aux plus jeunes, qui devront faire de même quelques années plus tard. Cette transmission est essentielle, car elle engendre une fierté. Au fil des évolutions, de simple « casseur de pierres », on devient tailleur, voire sculpteur.

Le champion

Au tout début de l'aventure, chez Essel au XIXe siècle, la coopérative ouvrière a commencé dans un métier très peu sophistiqué. Très vite, le travail s'est complexifié, les machines automatiques sont apparues dans notre industrie en même temps que la chimie et la mécanique fine. C'est cependant avec l'invention du verre progressif par Bernard Maitenaz que le métier a réellement acquis ses lettres de noblesse.

La fusion Essel/Silor a fait mécaniquement d'Essilor un *leader* français en 1973, européen en 1980 et mondial en 1988. Devenir *leader* mondial, c'est aussi un changement de statut par rapport au métier. Quand on y parvient, on entre dans une nouvelle dimension.

Pas facile cependant, car on passe d'attaquant à cible, le nombre de *challengers* augmente. Tout le monde vous regarde et veut vous dépasser. Le grand défi est de bien se prémunir contre l'arrogance qui vous guette, la difficulté est de continuer à cultiver un esprit offensif, bref d'être un *leader* avec un esprit de *challenger* !

À la fin des années 1980, nous n'étions *leader* que sur le papier. Il fallait le devenir réellement en allant nous implanter sur d'autres continents.

Première étape : l'Amérique. En 1995, l'entreprise est devenue à moitié américaine grâce aux nombreuses acquisitions réalisées outre-Atlantique. D'un coup, la moitié de nos effectifs se sont retrouvés aux États-Unis : changement colossal en termes de culture. De *leader* européen, nous sommes devenus un *leader* occidental. La culture américaine a commencé à nous influencer. Étape suivante qui survint très rapidement : la conquête de l'Asie. Nos effectifs se répartissent aujourd'hui en parts égales entre l'Amérique, l'Europe et l'Asie.

Imaginez l'aventure extraordinaire que ce fut pour tous les collaborateurs de voir ainsi grandir leur entreprise, d'accueillir sans cesse de nouvelles équipes. Les responsables des unités de production ont vu leur capacité exploser année après année, les commerciaux ont passé leur temps à voir de nouveaux pays et des clients différents. Les équipes informatiques ont monté un système informatique absolument unique au monde qui réunit vingt usines mères, reliées à trois cents laboratoires qui voient passer plus d'un million de verres par jour, dont une grosse proportion font l'objet d'un suivi individualisé. On devine aisément les efforts que cela exige. Les fabricants de *software* nous disent toujours que nous avons, et de loin, l'un des systèmes informatiques les plus sophistiqués qu'il leur ait été donné de voir. Suivre des centaines de milliers de verres produits à l'unité chaque jour en quatre-vingts étapes dans trois cents laboratoires est un immense défi. D'autant qu'il faut par la suite une logistique pour acheminer chaque verre chez nos 300 000 clients à l'heure convenue.

Quelle aventure, quel rêve éveillé pour tout salarié !

L'entreprise est confrontée alors en permanence à chacun des *leaders* locaux et continentaux dans les endroits où elle opère. Si Essilor a une grande expérience mondiale, dans chaque pays, il y a le régional de l'étape qui connaît mieux que nous l'aire de « jeu », le relief, la petite côte juste avant la ligne d'arrivée. En termes tactiques, de connaissance du terrain, ce sont des sources d'expériences inestimables.

Apprendre à jouer hors de ses bases est un vrai défi. C'est l'apanage des multinationales de savoir s'adapter rapidement, en étant à l'écoute du marché mais aussi en lui apportant un plus.

Travailler dans de nouveaux pays permet aussi de découvrir de nouveaux besoins non servis, ce qui génère de nouvelles idées de produits. Il faut par exemple des *designs* spéciaux pour les verres progressifs des Indiens et des Chinois, car leurs stratégies visuelles – leur façon de regarder – ne sont pas les mêmes. Le verre « ethnique » prend un essor rapide sous l'impulsion de l'Asie et de l'Inde. Nous nous intéressons aux raisons pour lesquelles les enfants chinois ont des myopies qui évoluent beaucoup plus vite que chez les autres enfants du monde. Ils lisent de beaucoup trop près, cela fait grandir leurs yeux ! C'est un fait. Nous travaillons avec des hôpitaux à des verres qui ralentissent cette évolution. Ces verres, un jour, serviront sûrement aux enfants européens. Les nouveaux défis sont des éléments clés de la créativité. Pour y être confronté, il faut être absolument partout.

Chaque pays a une approche différente des produits. Les Japonais et les Suisses voient toujours la machine derrière le produit. Cela les conduit à beaucoup réfléchir aux équipements, aux consommables et aux *process*. Pour un Japonais, un croissant est avant tout un four, une hydrométrie et des montées et descentes en température. Les Suisses ont la même logique. Ce n'est pas un hasard si Nestlé a inventé Nespresso. La qualité du café dépend de la machine et des améliorations du procédé de production. C'est au contact de ces deux cultures que nous avons commencé à nous intéresser sérieusement aux machines et aux procédés de production. On y voit aujourd'hui une immense source de progrès. On a compris ainsi que la recherche et développement ne devait pas s'intéresser seulement aux verres mais aussi aux machines elles-mêmes. Cela nous a d'ailleurs conduits récemment à acquérir Satisloh, *leader* mondial des machines de laboratoire.

Approfondir un métier procure d'énormes satisfactions : aller au bout des choses, pousser les frontières du savoir, même sur un sujet limité, vaut probablement mieux que de toucher à un peu tout sans rien approfondir. Certains ne s'y trompent pas : quand vous avez la réputation d'être un *leader* mondial, en particulier, les universités et tous les chercheurs viennent vous voir. Cela signifie que les idées viennent à vous. C'est une position exceptionnelle à condition de rester curieux et modeste pour reconnaître les inventions que d'autres ont faites. Un *leader* est un véritable aimant à connaissances.

Pour gérer cette profusion d'innovations, nous avons été conduits à segmenter la fabrication et la vente d'un verre en cent métiers, dans chacun desquels Essilor se doit d'être *leader*. Cela va de la chimie aux centres d'appel en passant par le calcul de surfaces complexes.

En termes de *management*, on est donc très vite confronté à une immense complexité qui recèle une richesse plus grande encore. Votre métier devient un terrain d'expérimentation gigantesque qui demande un système de prise de décisions permanente par des milliers de personnes. C'est donc une école de formation continue pour tous les cadres.

Un verre de lunettes passe par une longue chaîne ; la solidité de cette chaîne est celle du maillon le plus faible, chacun le sait, c'est pourquoi chacun est poussé à exceller.

Cela peut sembler anodin, mais cela ne l'est pas du tout. Prenons un exemple : l'un de nos cent métiers est celui du vernis. Chacun de nos verres est verni, c'est grâce à cette couche minuscule qu'il ne se raye pas. Nos vernis sont parmi les plus sophistiqués au monde. Ils sont déposés sur les verres dans des machines à la fois très productives et très complexes. Un bon vernis est donc une association de compétences en chimie et en mécanique. Le vernis est un de nos avantages concurrentiels. Il est complètement invisible pour le porteur, et pourtant il recèle des savoir-faire inestimables.

Ce vernis, il faut le déposer dans une machine et pour déposer le vernis il faut tenir le verre. Cela a l'air simple, et pourtant ! Comment en effet tenir un verre sans affecter le vernis dont l'épaisseur doit être égale sur toute la surface, car il va recevoir ensuite des couches nanométriques ? Le simple contact d'un instrument quelconque avec un verre abîme le vernis. Comment s'en saisir sans le modifier ? Le défi est loin d'être simple. Nous avons des ingénieurs qui connaissent cette question sur le bout des doigts ; peu de gens au monde sont à leur niveau ; depuis des dizaines d'années, ils ont déposé des milliards de couches. Écoutez-les parler des pinces à prendre les verres pour les manipuler sans modifier les surfaces, c'est absolument fascinant. En appartenant à un groupe mondial, ils ont la satisfaction de voir leurs inventions servir à tous nos sites de production, partout dans le monde. L'invention récente d'une nouvelle pince, qui a amélioré significativement nos vernis, leur permet d'entrer dans l'histoire d'Essilor et de rendre service à des centaines de millions de personnes. C'est un plaisir immense. Ils participent très concrètement à notre réussite et à notre développement. Nous le savons, et ils le savent.

Entre largeur et profondeur du savoir, que choisir ? Entre culture générale et compétence dans un métier pointu, entre l'encyclopédiste qui connaît un peu de tout et celui qui consacre sa vie à devenir le champion du monde de son sujet... vers où aller ? Il faut probablement commencer par la largeur avant d'approfondir le sujet de son choix. La spécialisation mondiale ouvre certainement de nouvelles perspectives.

La mondialisation a été, dans les vingt dernières années, une fabuleuse source de croissance. Notre réussite actuelle tient donc essentiellement à ce que, depuis vingt ans, nous avons investi hors d'Europe plus de 80 % de notre argent. Nous avons su prendre l'avion plus tôt que tout le monde. Et tout le monde chez Essilor a suivi et encouragé cette stratégie.

Nous achetons actuellement une société tous les quinze jours sur tous les continents, nous payons cher des sociétés excellentes, car nous recherchons avant tout des équipes. Quand une société a réussi à croître en étant profitable, c'est que les équipes sont très bonnes ! L'homme est un être social, il apprend par ses contacts. Vous imaginez ce que cela peut donner lorsque se rencontrent tous les peuples de la terre dans une même entreprise.

Le XXIe siècle sera certainement celui des grands groupes mondiaux. Les Essiloriens ressentent tous les jours ce qu'ont vécu jadis les sculpteurs de Chartres. Ils savent aujourd'hui que leur activité a du sens. Nous aidons les gens à mieux voir – et donc à mieux vivre – partout dans le monde !

Le choix de la croissance, sa dimension épique a été notre catalyseur. Cela a permis de faire évoluer les organigrammes presque constamment, car cela engendre de nouvelles opportunités. Sans croissance, sans cet esprit de conquête, sans cette remise en cause technologique quotidienne, l'ambiance qui régnerait dans l'entreprise ne serait pas du tout la même, et les personnalités ne se seraient pas développées comme elles l'ont fait. L'esprit de conquête est fondamental dans l'ambiance d'une entreprise. C'est difficile de conserver la confiance sans croissance. Cela vaut pour une entreprise, probablement aussi pour les pays.

Voilà pourquoi toute entreprise doit viser la croissance partout dans le monde. L'ambiance, c'est souvent une stratégie mondiale. C'est beaucoup plus facile de s'étendre géographiquement aujourd'hui qu'il y a vingt ou trente ans. Voilà pourquoi, dans son domaine, chaque entreprise doit viser l'excellence mondiale. La mondialisation est une splendide opportunité. Elle permet de participer au monde, elle s'offre à tous ceux qui font confiance à l'entreprise et sont prêts à s'embarquer dans l'aventure. Ces grandes entreprises internationales permettent à des gens normaux, comme vous et moi, de vivre des histoires extraordinaires ! Quel que soit votre sujet, allez au bout, vraiment au bout du bout, voilà le secret !

CE N'EST PAS LE PRÉSIDENT
QUI COMMANDE, C'EST LE CLIENT

« Beauguitte, j'ai appris que vous changiez de voiture ! »

Quelques mots pour vous situer la scène et les acteurs de ce qui suit.

Dans notre organisation, Claude Brignon est le patron mondial de la production qui regroupe une vingtaine de grosses usines reparties dans le monde entier. Nous sommes un groupe à caractère industriel, c'est une fonction clé de l'entreprise. Claude a fait toute sa carrière chez Essilor (quarante-quatre ans). Il y est entré à seize ans, comme stagiaire à l'usine. Nous travaillons ensemble depuis vingt ans.

Nous avons choisi ensemble les grandes options en termes de technologie, d'implantation, d'organisation. Cela nous a permis de vivre des succès, des échecs, d'en tirer les conclusions. Il y a eu tellement de décisions que, sur le nombre, tout n'a pas pu être parfait. Mais tout cet ensemble s'est considérablement développé, nos coûts ont beaucoup baissé, nos *process* se sont sans cesse améliorés. Bref, nous avons beaucoup appris ensemble. Nous avons aussi vu dans le même temps nos collaborateurs grandir, prendre des responsabilités, devenir chaque jour plus professionnels. C'est incontestablement ce qui nous a donné le plus de satisfaction. Parler de joie est même tout à fait légitime pour exprimer ce que nous avons pu ressentir en voyant nos équipes s'épanouir.

C'était en 1995. Suite à diverses conversations, nous étions arrivés à la même conclusion : il fallait réduire considérablement l'activité d'une de nos usines françaises. La décision n'était évidemment pas facile à prendre. Il s'agissait en effet d'une usine emblématique. Ce genre de décisions ne se prend pas de gaîté de cœur.

Cette usine était spécialisée dans les verres minéraux, une technologie devenue caduque en raison de l'émergence des matériaux plastique. Bilan : il devenait évident qu'il faudrait tôt ou tard réduire la voilure en fermant des chaînes et en reconvertissant nos ouvriers au métier de laboratoire.

Notre conviction était faite. Il fallait impérativement la partager avec les syndicats.

Nous avons chez Essilor des syndicats que nous respectons, car, tout en défendant l'intérêt des salariés, ce qui est leur rôle, ils ont aussi le sens des responsabilités.

Nous entretenons ce climat de confiance en jouant avec eux la carte de la transparence, que nous ayons de bonnes ou de moins bonnes nouvelles à partager.

L'expérience montre que l'on a toujours intérêt à parler très à l'avance des sujets sensibles. Ceci donne le temps de planifier les changements, et surtout permet de trouver de meilleures solutions que si l'on agit dans la précipitation.

L'affaire étant sérieuse (l'usine dont on parle était une des usines historiques du groupe), nous convoquons un comité central d'entreprise (CCE), et je décide d'y accompagner Claude.

Un CCE a toujours ses rituels. Les participants choisissent leur place de manière à être vus et entendus, signent les registres, etc. Je profite de ces moments informels pour m'adresser à Alain Beauguitte.

Alain Beauguitte était le patron de la CGT. Le terme « patron » s'applique parfaitement à lui, car c'était un pur et un « pro ». Il pouvait être dur – j'en parle au passé, car il est aujourd'hui décédé – mais il était toujours loyal et correct.

Il avait une seule parole et savait tenir ses équipes. J'ai toujours respecté les convictions et la personnalité de cet homme qui, à sa façon, a participé à la réussite de notre aventure en assurant un dialogue social de grande qualité au sein de notre groupe.

Alain Beauguitte et Claude Brignon sont entrés chez Essilor le même jour, dans la même usine. Curieux hasard… Chacun, à sa manière, a réussi une magnifique carrière au sein de notre maison.

Ils avaient beau se retrouver face à face lors de certains événements, les deux hommes n'ont jamais oublié leur histoire commune.

Je m'adressai donc à Alain Beauguitte au début de notre CCE. La tradition veut que l'on s'interpelle par notre nom de famille. On se donne donc du « Beauguitte », du « Fontanet » et du « Brignon ». Au sujet de son changement de voiture, Beauguitte me répond :

« Fontanet, j'ai le droit !

– Bien sûr que vous avez le droit, mais on me dit que vous changez de marque et que vous passez de X à Y. C'est ça qui me choque !

– X tombait en panne. J'ai le droit de punir X et de passer à Y, nous sommes dans un pays libre !

– Bien sûr, nous sommes dans un pays libre. Moi aussi j'ai une X qui a de petits problèmes mais moi je reste fidèle à X. Je râle, j'explique ce qui marche pas, mais je reste fidèle.

– Moi, je change.

– Beauguitte, avez-vous réfléchi aux conséquences de votre acte. Vous êtes en train de déplacer de la main-d'œuvre de X à Y. Au fait, avez-vous appelé votre collègue de l'usine qui produit X pour le prévenir que vous arrêtez d'acheter X ? Moi, je l'aurais fait. »

Tout le monde dans le CCE se demande où je veux en venir.

Nous commençons par traiter les sujets faciles à résoudre, puis vient le moment crucial. Avant que Brignon n'explique la situation, je m'adresse de nouveau à Beauguitte.

« Beauguitte, je peux voir vos lunettes ? Mais, Beauguitte, je vois que vous avez des lunettes plastique...

– Fontanet, c'est mon droit de porter ce qui se fait de mieux !

– Beauguitte, bien sûr que c'est votre droit, c'est même très bien, mais vous comprenez que si même vous, qui travaillez dans une usine de verres minéraux, vous achetez des verres en plastique, que peut faire Claude sinon réduire ou clore la production ? Ce ne sont ni Claude ni moi qui fermons, ce sont les clients qui ferment l'usine. »

Vous imaginez le débat qui s'en suit.

« Beauguitte, sérieusement, allez voir tous vos amis de la CGT, vendez-leur dix millions de verres minéraux, apportez-moi un acompte. Je vous promets que si vous y parvenez, nous gardons l'usine. Sans acompte, que voulez-vous que nous fassions ? »

La fermeture de cette usine était à terme inéluctable. Chacun, au travers de cette démonstration, l'avait bien compris. En nous y prenant très à l'avance, nous avions la possibilité de proposer des emplois dans l'usine voisine des instruments et dans le laboratoire de prescription.

Pour ces excellents ouvriers, le changement de métier n'était pas un gros problème. La population était, de plus, assez âgée, il y avait un lien entre l'âge du produit et celui des ouvriers qui travaillaient dans cette usine. Il y a eu des départs naturels à la retraite. Bref, les choses se sont faites en douceur et dans la sérénité.

Dans une économie où le client est libre d'acheter ce qu'il veut quand il veut, en d'autres termes dans une économie où la flexibilité est du côté de l'acheteur, comment envisager que le producteur n'ait pas le droit, lui aussi, à un peu de souplesse ? Si on empêche le producteur de s'adapter, nous constaterons tout d'abord un impact sur ses comptes (qui vont se détériorer), puis sur ses capitaux propres (là, c'est la survie de l'entreprise qui se joue !).

À trop défendre l'emploi à court terme, en forçant les entreprises à garder coûte que coûte leurs effectifs, on fragilise l'entreprise... et on ne rend pas service aux salariés, qui paient tôt ou tard les pots cassés.

Il y a un équilibre à trouver entre, d'un côté, la protection des salariés du ressort de l'assurance chômage et les indemnités, et, de l'autre, la protection de l'entreprise, c'est-à-dire la liberté qu'elle doit garder de réduire sa production si les clients commandent moins. On ne peut pas avoir de fluidité absolue du commerce et, dans le même temps, une trop grande rigidité du contrat de travail. Sinon c'est l'entreprise qui souffrira, ce qui se retournera contre l'emploi.

Droit du travail (charges sociales, contrat de travail), droit de la concurrence (part de marché maximale tolérée pour un producteur et pour un distributeur), droit commercial : tous ces éléments font système. Les Américains autorisent des distributeurs très forts, mais donnent aussi une très grosse flexibilité aux producteurs. Les Asiatiques se méfient des gros distributeurs, ils préfèrent des prix de marché un peu plus élevés sur leur marché intérieur pour donner plus de marge à leurs producteurs et leur permettre d'exporter.

Quelques chiffres pour prendre la mesure des contraintes de fluidité qui pèsent sur les entreprises en France. Quand vous prenez la décision de changer de marque de voiture, vous enlevez à peu près 50 heures de travail à l'entreprise qui la produit. Supposez que cela contraigne l'entreprise à réduire ses effectifs, elle devra payer deux années de salaire aux employés dont elle se sépare, soit 50 000 euros. Or 50 heures de travail par an correspondent à un trentième de l'horaire annuel (soit 1 500 heures pour rester dans les ordres de grandeur). Donc, quand vous quittez une marque que vous achetiez depuis longtemps, vous devriez donner en dédommagement, dans le cas qui nous occupe, un trentième de 50 000 euros soit 1 666 euros ! Y aviez-vous seulement pensé ?

Nous vivons dans un monde de liberté. Il a ses avantages mais aussi ses contraintes, c'est-à-dire un peu d'incertitude. Il faut être cohérent. Ces contraintes valent le coup. Chaque fois que j'ai approché des mondes où la liberté n'était pas la valeur cardinale, j'ai pu constater que les personnalités avaient été détruites.

Il faut se rendre à la frontière entre la Corée du Nord et la Corée du Sud pour comprendre.

C'est un lieu fascinant d'où l'on peut observer la Corée du Nord à la jumelle. Le constat est édifiant. Et dire que ces deux pays n'en formaient qu'un il y a à peine plus de soixante ans !

Nous avons la chance chez Essilor d'avoir des gens qui comprennent et accompagnent la direction générale. Ils ont confiance en nous et nous avons confiance en eux, confiance au point de ne rien nous cacher. Cela permet la flexibilité, qui est la vraie sécurité en ce monde mouvant. Cette confiance réciproque est le trésor de notre entreprise.

« MES FILLES N'IRONT PAS À L'USINE ! »

Mme Brisson a pris la succession d'Alain Beauguitte comme déléguée de la CGT chez Essilor.

Un jour, je la vois de très bonne humeur. J'en comprends vite la raison. Ses deux filles, sa grande fierté, faisaient désormais des études supérieures : « Monsieur Fontanet, mes filles n'iront pas à l'usine comme moi ! »

Je lui dis : « Ayons une pensée pour mes prédécesseurs. Vos filles n'iront pas à l'usine parce qu'ils ont commencé les délocalisations il y a trente-deux ans. »

Quel rapport, me direz-vous ?

À la fin des années 1970, cinq ans après la fusion, les ex-Silor parcouraient le monde pour installer des usines aux quatre coins de la planète. Une énorme usine avait notamment été construite aux États-Unis, en Floride.

Au même moment, un de nos concurrents japonais, Hoya, concentrait toute sa production en Thaïlande et commençait à alimenter ses propres filiales européennes avec des verres venant d'Asie.

À l'époque, Essilor n'était pas présent sur ce continent et, comme les salaires asiatiques étaient quinze fois plus bas qu'en France, une menace réelle pesait sur tout un pan de notre gamme.

Les progressifs stimulaient notre croissance et nous aurions pu faire le choix de nous concentrer sur le haut de gamme. Mais c'est mal connaître la maison Essilor ! Nous ne voulions rien lâcher, et la décision fut donc prise de délocaliser.

D'abord aux Philippines puis en Thaïlande. Le défi était double : alimenter l'Europe en verres bon marché et mettre un pied en Asie.

Nous avons alors dû faire face à l'opinion publique et aux réactions politiques. Chacun y alla de son commentaire sur le thème : « Avec leurs résultats, Essilor pourrait tout à fait supporter une légère perte sur une ligne de produits ! »

Nos prédécesseurs ont été bien inspirés de ne pas les écouter. Délocaliser quand l'entreprise marche bien permet de dépenser ce qu'il faut pour assurer les reconversions.

Ce que ne voyaient pas nos détracteurs, c'était tout d'abord le bien que ces usines ont fait dans les villes où elles se sont installées. Pourquoi n'en parle-t-on jamais ? C'est une forme d'égocentrisme que de regarder devant son palier sans se soucier de l'extérieur.

Les gens ne voyagent pas assez. Aux Philippines, l'usine était située à Bataan, au sud de Manille. Elle tourne depuis trente-deux ans. Elle est complètement intégrée à la vie de la ville. Comme la cantine est grande et confortable, elle sert couramment aux mariages le week-end. Les terrains de sport sont ouverts à tous en dehors des heures de travail. Pour le reste, nous avons tenu à accorder des avantages sociaux supérieurs à ce qu'exige la loi philippine. Les employés nous sont restés fidèles, et leur niveau technique frôle aujourd'hui celui des Européens. L'usine est l'une des plus performantes mondialement. Rien de plus normal puisque des volumes gigantesques leur passent entre les mains.

J'ai observé les salariés quand ils venaient au travail. Ils venaient au début à pied, puis en vélo, en moto et enfin en voiture. Nous avons fêté l'an dernier l'entrée dans des universités américaines d'enfants d'ouvrières de nos usines délocalisées. En trente ans, une usine délocalisée bouleverse complètement la physionomie des lieux où elle s'installe. Quand les salariés sont bien traités, quelle est la différence entre l'effet de la dépense d'une ONG et celle d'une usine délocalisée ? L'envers d'une délocalisation, son autre réalité, c'est ce travail donné aux pays d'accueil et tout le bien que l'usine y fait quand, bien sûr, l'installation est durable et que l'entreprise se comporte correctement.

Ce que nos esprits critiques ne voient pas non plus, c'est que nous avons pu ainsi mettre en place très tôt des filiales de distribution en Asie alimentées par ces usines. Si Essilor traverse plutôt bien la crise, c'est aussi parce que nos affaires asiatiques tournent à plein régime.

Tout cela est possible uniquement parce que nous avons eu l'audace et le flair de nous implanter sur ce continent il y a fort longtemps.

Sans cela, personne ne peut dire ce que nous serions aujourd'hui.

En France, quand on s'y prend à l'avance, on a le temps de reconvertir les salariés qui, bien sûr, doivent accepter un changement. Le temps permet de gérer chaque situation et de respecter les individus.

Prenons maintenant un peu de recul. On constate que depuis trente ans les effectifs d'Essilor ont augmenté de 0,5 % par an. Mais la répartition de la main-d'œuvre a été complètement bouleversée. La population ouvrière est passée de 75 % à 35 %. La majorité des postes créés sont des postes d'ingénieurs, d'informaticiens, de chercheurs, de logisticiens, de juristes, de spécialistes de *marketing*, etc. Cette analyse vaut pour la France comme pour l'ensemble des pays développés où nous sommes implantés.

La formation est fondamentale pour la reconversion de salariés en cas de délocalisation. Elle peut tout à fait s'organiser si l'entreprise s'y prend suffisamment à l'avance. La formation est aussi capitale bien sûr pour les enfants de ces salariés. Le système éducatif doit assurer son rôle d'ascenseur social pour que les enfants d'ouvriers puissent progresser et devenir des cadres. C'est exactement ce qui s'est passé dans le cas des enfants de Mme Brisson. Il faut s'en réjouir !

Finalement, tout le monde s'y retrouve : le pays d'implantation de la nouvelle usine qui obtient ainsi de nouveaux emplois, mais aussi le pays de départ de cette usine qui est socialement tiré vers le haut par cette délocalisation.

Seule condition à cette analyse : la performance du système éducatif. Si l'on s'interroge aujourd'hui à juste titre sur les indispensables économies à réaliser pour réduire le déficit de l'État, il est évident que ces économies ne doivent pas se faire au détriment de la qualité de nos universités et de nos écoles.

Notre système éducatif doit pouvoir se comparer avantageusement aux systèmes éducatifs des autres pays. C'est la condition pour avoir la certitude que nos enfants seront bien placés dans la concurrence mondiale quand ils seront en âge de travailler. Les comparaisons entre systèmes éducatifs, même si elles peuvent agacer quand on n'est pas bien placé, sont absolument fondamentales. Nos écoles et nos universités doivent les accepter.

Idéalement, nos universités et nos écoles devraient être capables de se déployer, rentablement et de façon autonome hors de nos frontières.

Ce serait la preuve de leur excellence. Elles devraient aussi accueillir de nombreux étudiants étrangers. Les grandes universités américaines et anglaises en comptent entre 20 et 30 % parmi leurs inscrits. Cette ouverture au monde nous rassurerait, nous qui leur confions ce que nous avons de plus cher, nos enfants et nos petits-enfants. Après tout, on voit les grandes universités américaines, anglaises, suisses, ouvrir en Asie des antennes qui semblent se développer rapidement. Certaines de nos écoles de gestion réussissent ce pari aussi très bien. Nous travaillons avec l'ESSEC, par exemple, qui a une activité en Asie.

Si notre système éducatif parvient à relever avec succès le pari de l'international, les délocalisations seront une opération « gagnant-gagnant » pour tout le monde. La « petite France » qu'est Essilor l'a démontré pendant une génération.

LA GRANDE FAMILLE

Entre 1995 et 1998, nos investissements ont principalement été réalisés en Amérique. De 1998 à 2005, nous avons beaucoup investi en Asie. Depuis, nos bases sont solides partout dans le monde, et nous investissons sur tous les continents, notamment en Inde et en Chine.

Les entreprises qui nous rejoignent par *joint venture* ou par acquisition exercent des métiers très techniques. Il faut utiliser des machines d'usinage qui demandent de bonnes connaissances en mécanique et en informatique, des machines à vernis qui demandent de bonnes connaissances en chimie et des machines de traitement sous vide qui exige qu'on sache travailler dans des environnements très propres. Les personnes qui nous rejoignent sont d'excellents techniciens. Le sens du service est également au cœur de notre métier. Nous devons livrer l'opticien tous les jours à heures précises. Une des particularités de notre métier est donc qu'il faut être à la fois technicien et orienté vers le service. Nos partenaires, presque toujours partis de rien, sont de vrais entrepreneurs, dotés de compétences à la fois techniques et commerciales.

Ces sociétés rejoignent le groupe au rythme de deux par mois. Nous les suivons toutes depuis longtemps, car ce sont en général des clients de longue date. Elles achètent nos semi-finis ; nous avons des rapports personnels avec leurs dirigeants. Ce ne sont pas de simples histoires d'argent, nos liens vont toujours bien au-delà, et c'est tout le charme de ces opérations.

Voici un mail reçu le 28 mai dernier du Brésil, alors que je rédigeais un chapitre de cet ouvrage. J'ai répondu spontanément. Je vous laisse juges.

Cher Monsieur Xavier Fontanet,

C'est avec plaisir que nous nous adressons à vous au moment de la confirmation de l'association entre le Groupe Essilor et le Laboratoire Optique XXX. [...] Nous sommes heureux d'apercevoir, au fondement de cette union, la reconnaissance de notre travail et de notre trajectoire professionnelle dans le marché brésilien et mondial. [...] Nous voudrions vous assurer de nos efforts que nous menons dans la recherche, dans l'amélioration de nos services et, en conséquence, la création de nouvelles opportunités de développement du marché. La qualité que nous voulons incorporer aux services sera certainement bien reçue chez Essilor, groupe dédié à garantir les recherches et les investissements qui étendent notre marché. Le Laboratoire XXX a débuté ses activités d'une façon modeste, il y a seize ans, suite à la vente d'une voiture populaire, une Volkswagen, laquelle nous a permis de louer un petit commerce de 40 mètres carrés au centre-ville. Là, on a commencé des prestations de services en montage optique pour le marché de la capitale régionale. Avec effort, attention et des partenariats corrects, ce travail s'est étendu à la vente de produits avec technologie de surfaçage. Maintenant, nous sommes fiers d'avoir construit l'entreprise avec expérience et détermination.

Nous avons formé, avec nos collaborateurs, une équipe prête à apprendre, à partager le progrès, à lutter pour le développement, à être solidaire et à se réjouir ensemble du succès. C'est notre patrimoine. L'expérience combinée à la crédibilité nous renforce auprès de nos collaborateurs. En ce moment, donc, nous partageons la conviction d'un avenir encore plus prospère pour notre activité. Nous intégrer à Essilor est un privilège et un plaisir. Soyez assuré de notre engagement et de notre partenariat à la tête de cette nouvelle entreprise [...].

Veuillez agréer l'expression de notre considération distinguée au moment où nous célébrons cette nouvelle étape.

Cordialement,
Adriana

Ma réponse (immédiate !) :

Chère Adriana, Cher Luiz,

Votre mail me touche beaucoup. Bienvenue à vous-mêmes et à vos équipes dans la famille Essilor et merci d'avoir choisi de rejoindre notre aventure. Vous allez y retrouver des personnes qui ont vos valeurs de service client et de travail bien fait. Je vous souhaite beaucoup de bonheur et beaucoup de satisfactions personnelles et professionnelles dans cette nouvelle étape de votre vie.

Bien à vous,
X. Fontanet

Adriana et Luiz entrent dans la grande famille Essilor. Ils vont participer à tous les congrès, à nos réunions techniques. Nous les inviterons à nous parler de leur histoire. Ils ont sûrement des expériences et des idées originales à partager avec nous. Ils vont trouver chez Essilor des solutions à des problèmes qu'ils n'avaient pas pu régler seuls jusqu'ici. L'entrée dans le groupe va les fortifier et nous enrichir, une nouvelle aventure commence pour eux… chez nous.

L'Asie, l'Amérique latine, l'Inde, ont une conception de l'entreprise différente de la nôtre.

Les marchés financiers étant plus jeunes et à ce jour moins développés qu'en Europe, on y trouve beaucoup plus d'entreprises familiales.

La première fois que je me suis rendu compte de cette différence, c'était au tout début des années 2000. Nous étions sur le point de conclure un partenariat 50/50 en Asie. En général, quand une affaire se décide, il y a à la fin de la négociation une petite tension sur le prix. Cette fois-là, rien de tel ! Le propriétaire a fait un geste de la main, comme s'il écartait un paquet de billets posé sur la table et m'a dit :

« Vous savez, je suis riche, je ne cours pas après l'argent. Le prix est correct, je ne vais pas essayer de grappiller quelques sous. Mon vrai sujet, c'est que je partage avec vous l'œuvre de ma vie. Je vais vous confier ce qui m'est le plus cher : ce sont mes employés et mes enfants. » Nous nous sommes mis à parler des équipes. Il nous a décrit chacun en termes sobres et profonds. Il connaissait tout le monde de façon très intime. Cela a été pour moi un déclic.

Je compris alors qu'Essilor devait être aussi une famille et qu'il fallait désormais assumer cette vision de l'entreprise. Ceci prolongeait d'ailleurs ce que nous vivions avec Valoptec et que nous n'avions pas exprimé encore de la sorte.

J'ai eu un autre choc, aussi fort, il y a trois ans.

Dans un autre pays, je rendais visite à un de nos partenaires, avec qui nous avions signé un accord trois ans plus tôt. J'aime beaucoup ces visites de courtoisie qui me permettent de prendre le pouls de nos partenaires et de voir s'ils sont heureux une fois que la *joint venture* fonctionne ou que l'acquisition est faite. Nos partenaires sont nos meilleurs promoteurs : tous ceux qui envisagent un rapprochement avec Essilor se renseignent toujours auprès des sociétés qui nous ont déjà rejoints.

Notre partenaire était un homme extrêmement courtois et distingué. Il me fit entrer dans son bureau, ferma la porte et me dit : « Monsieur Fontanet, je ne suis plus tout jeune, j'entre dans la dernière phase de ma vie et je suis profondément heureux. »

Il reprit : « Je tenais à vous dire que je suis heureux parce que ma famille sera unie après ma mort. Si je ne m'étais pas rapproché d'Essilor, je ne suis pas sûr qu'elle aurait été aussi unie qu'elle l'est actuellement. Merci pour tout. »

Parmi les formidables transformations de l'entreprise issue de la mondialisation, celle-ci n'est pas des moindres ! Ce qui se passe est très exactement le contraire de ce qu'on entend toujours.

J'évoque volontiers « la famille Essilor ». Certains sourient et me prennent pour un paternaliste. J'en ai conscience, mais je sais aussi que ce n'est pas ce que pensent les Essiloriens, qui savent que c'est la meilleure image que nous ayons trouvée jusqu'ici pour traduire ce sentiment de communauté humaine et d'aventure entrepreneuriale.

Très vite, dans une bonne entreprise, les collaborateurs éprouvent ce que l'on appelle un *affectio societatis* qui traduit le fait qu'ils se sentent chez eux. On est heureux de venir au travail. Plus tard, quand on devient dirigeant, on est heureux aussi de partager les combats, de construire la culture de l'entreprise. Bref, on est fier et prêt à la défendre et à la protéger quand elle est menacée ou quand elle se lance dans un gros investissement.

Je sens aujourd'hui que l'attachement à l'entreprise prend de plus en plus d'importance à côté de celui que l'on peut avoir pour sa famille ou son pays. Ces liens ne sont pas opposés, bien au contraire ! Il est très important que nos collaborateurs aient des vies de famille heureuses, il est fondamental qu'ils soient fiers de leur pays. Nous avons besoin de l'énergie de l'Inde et de la Chine pour tirer Essilor vers le haut. Tout cela est harmonieux.

Ce nouveau sentiment des gens face aux belles entreprises mondiales en est aujourd'hui à ses prémices, mais la tendance est réelle, et les racines déjà profondes.

Je pense que le XXIe siècle sera le siècle des grandes entreprises mondiales. Ces vastes entités couvriront le monde et rapprocheront les peuples. Les collaborateurs des différents pays auront des occasions de contacts intercontinentaux de plus en plus profonds à l'intérieur même de leur société.

C'est pourquoi, il est, à mon avis, très inexact et injuste de présenter les grandes entreprises comme des monstres froids qui détruisent les personnalités et les spécificités des pays.

Il faudrait, au contraire, se réjouir de la proximité entre les gens qu'elles rangent sous leur bannière. C'est évidemment la meilleure façon de construire aujourd'hui une paix durable entre les peuples.

ELLE EXIGE DE PAYER

Le bidonville de Manille

C'était un après-midi de 1991. Je revenais de Bataan, là où est située notre première usine des Philippines, à cinq heures d'avion par beau temps au sud de Manille. Il faisait beau, le trajet vers l'aéroport avait été plus court que prévu. J'étais du coup très en avance et j'ai demandé à Jean-Pierre Mazzone – Jean-Pierre est un de nos moines-soldats essiloriens qui ont monté toutes nos usines en Asie – de me conduire dans le bidonville de Manille. Sur place, les collaborateurs d'Essilor sont membres de toutes les associations humanitaires, ils connaissent donc très bien l'endroit.

Notre métier nous conduit souvent à nous rendre dans ces zones. Il faut savoir qu'en Inde beaucoup des laboratoires que nous rachetons sont en fait logés dans de petites zones industrielles entourées de bidonvilles. À Rio, nos bureaux ont été à un moment juste en face des *favelas*, et je m'y étais rendu avec des employés. Certains d'ailleurs y habitaient. Le bidonville de Manille est un des plus grands et des plus impressionnants que j'ai pu voir.

Passé le premier choc, on commence à regarder les gens et à deviner ce qui se passe. Mon souvenir le plus vif, ce sont les femmes, les mères de famille. Imaginez seulement la vie d'une mère qui élève ses enfants dans un tel environnement, le courage dont elle a besoin. Je me disais en moi-même qu'avec cette énergie, si elles entraient chez nous, elles accompliraient une carrière formidable !

J'ai une technique pour ne pas perdre de temps dans les voyages : je lis sans m'arrêter (histoire, philosophie, économie). J'ai toujours une dizaine de livres sur ma table de nuit et, à chaque voyage, j'en prends deux, trois, dix, suivant la durée. Dès que j'embarque, je plonge dans l'ouvrage et n'en sors plus. Cela me permet de m'occuper lors des interminables correspondances, d'éviter les courses inutiles. Pour moi, la lecture et le voyage vont de pair.

À peine rentré de Manille donc, je me suis procuré tout ce que j'ai pu trouver sur les bidonvilles et je suis tombé sur un livre très éclairant : *The Mystery of Capital* de Hernando de Soto. Hernando de Soto est un économiste chilien qui s'est intéressé toute sa vie à l'économie du bidonville. C'est un passionné de prix de marché. Sa lecture permet de se familiariser avec cette économie souterraine qui est en fait la plus grosse partie de l'économie dans bien des pays. Les chiffres de PIB que l'on nous présente en général ne sont pas justes, car ils n'intègrent pas cette vaste économie. *The Mystery of Capital* décortique toute l'économie d'un bidonville avec sa partie apparente et sa partie cachée. On y découvre le prix des maisons, les impôts officiels ou non officiels, la valeur des pas de porte. L'un des éléments les plus graves est qu'il n'y a pas de droit de propriété (puisque la propriété du sol n'est jamais très claire). De ce fait, les gens ne peuvent emprunter qu'à des taux très élevés, car le prêteur n'a aucun bien sur lequel prendre de caution. Rétablir partout un droit de propriété et développer le micro-crédit pour faire concurrence aux prêteurs en place sont les deux armes évidentes contre le sous-développement.

De fil en aiguille je découvre un autre livre, lui beaucoup plus connu, *Fortune at the Bottom of the Pyramid*. Je l'ai d'ailleurs offert à Franck Riboud, président du groupe Danone, comme cadeau de Noël à l'époque où nous réfléchissions tous les deux à ces sujets. Ces deux livres furent le début d'une véritable prise de conscience.

Eté 2003, André, pays bigouden

Pays bigouden, Finistère sud. Nous recevons pendant une semaine un oncle, André Pouliquen, missionnaire pendant cinquante-trois ans en Afrique, à Maroua, à 350 kilomètres au nord de Douala. Ce saint homme vient passer une petite semaine chez nous, histoire de profiter de la fraîcheur bretonne.

Imaginez les dîners de famille, avec tous les petits cousins qui l'écoutent raconter l'Afrique, la vraie, celle dont on ne parle pas dans les magazines.

Nous sommes tous subjugués. Un soir, il me prend à part et me dit :

« Xavier, tes caravanes, ça pose un problème !

– André, je n'ai pas de caravane. À quoi faites-vous allusion ? »

André parle des caravanes ambulantes sponsorisées par des distributeurs de verres ophtalmiques qui visitent les villages africains et équipent les habitants. Nous donnons effectivement un coup de main à ces initiatives. Souvent, des retraités d'Essilor sont de la partie, en compagnie de nombreux étudiants. Tout cela est formidable, et nous l'encourageons.

André reprend :

« Tu vois, la dernière fois que la caravane est passée, j'ai eu à régler un très grave différent entre deux personnes âgées du village. Vous aviez équipé une moitié du village et pas l'autre.

» –"Tu vois la jolie dame qui passe ?, dit le vieillard aux lunettes.

» – Je la devine mais je ne la vois pas, répond le second, presbyte.

» – Moi, avec mes Varilux je la vois vraiment bien. Qu'est-ce qu'elle est belle ! Qu'est-ce que tu rates mon pauvre vieux ! Au fait tu veux la voir ? »

» – Évidemment », dit l'autre.

» – Eh bien ! ce n'est pas compliqué, apporte-moi 100 dollars demain et je te vends mes lunettes." »

Affaire conclue... sauf que l'acheteur n'y voit toujours rien, car le progressif est un verre personnalisé.

L'acheteur floué va chercher sa machette, ils en viennent aux mains. Quand le sang a coulé, tout le monde vient chez mon oncle, le sage du village, qui fait de son mieux pour panser les plaies et renouer le dialogue.

« Xavier, les lunettes, il ne faut pas les donner, il faut les vendre ! Si tu les donnes, les gens n'en prennent pas soin et les revendent. »

Loin de moi l'idée de dire qu'il ne faut jamais rien donner, la générosité est au cœur de l'homme. Mais, s'il faut savoir donner, il vaut parfois mieux vendre.

Au siège d'Aravind

Changement de décor. Nous voilà en Inde à Hyderabad au siège d'Aravind.

Aravind est un grand groupe indien hospitalier, spécialisé dans l'opération de la cataracte (les Indiens ont tendance à avoir une cataracte précoce).

Ce groupe, propriété d'une famille, réalise, entre autres, 300 000 opérations par an.

En France, à titre de comparaison, 200 000 opérations de la cataracte par an ont lieu au total.

Aravind offre depuis vingt ans aux Indiens les plus pauvres des opérations de la cataracte gratuites. Pour être plus précis, Aravind fait des péréquations avec les populations plus aisées, mais le prix moyen est extraordinairement bas… 20 dollars en moyenne par opération. Cette entreprise croît à hauteur de 15 % par an, elle ne vit pas de subsides.

Nous souhaitions faire la connaissance de ce groupe, car nous ne sommes pas dans leur métier. Au départ, il s'agissait d'une simple visite de courtoisie. Cette entreprise a en effet une image très forte en Inde et maintenant dans le monde. Nos hôtes sont très avenants avec nous, ils savent que nous sommes des spécialistes d'optique ophtalmique. À la fin de la journée, nous sommes enthousiasmés, je dirais même époustouflés, et je le dis au fondateur. Ils le sentent d'ailleurs, et, comme ils voient que nous sommes sincères, nous prolongeons la discussion. La conversation tourne rapidement à l'optique ophtalmique, la nôtre, celle des verres correcteurs prescrits par des docteurs dans les magasins de l'hôpital. N'ayant pas de laboratoire de proximité, il leur était impossible de prescrire des verres haut de gamme. Nous leur demandons pourquoi ils n'ont pas de laboratoire dans l'hôpital et évoquons la possibilité de le créer. Un accès aux verres sophistiqués comme les Varilux serait ainsi donné à leurs clients.

« Si vous voulez y aller, on vous donne un coup de main. » Affaire conclue.

Même décor, un an après. Nous leur vendons des verres, nous avons alors une relation d'affaire avec eux.

« Que pouvons-nous vous montrer cette fois-ci ? », nous demandent-ils.

Nous leur répondons : « Nous aimerions comprendre comment vous prospectez tous vos clients. »

Aravind nous organise une visite dans leurs caravanes. Le groupe alimente en effet ses hôpitaux avec des caravanes qui visitent les villes moyennes de 10 000 à 50 000 habitants, font passer des examens visuels pour repérer ceux qui ont des maladies graves (type glaucome…) et ceux qui ont besoin d'une opération de la cataracte.

Tout le monde sait, dans la ville, quand la caravane Aravind passe. Les habitants font alors la queue et attendent l'examen. Là, nous passons un accord avec les dirigeants. Nous leur exprimons notre volonté de travailler dans le bas de la pyramide, loin des villes moyennes. Nous leur demandons de nous aider. L'idée est de mettre un petit magasin d'optique sur un fourgon qui suit la caravane. Ce magasin ambulant vendrait de l'optique ophtalmique à ceux qui sont en attente d'examen. C'est un peu aller à la pêche, mais on se dit que l'on va peut-être trouver des idées intéressantes au contact de ces nouveaux clients.

À l'époque, nous n'étions présents que dans les grandes et dans les très grandes villes d'Inde. Nous mobilisons quelques salariés d'Essilor dans notre camion, et le fils du fondateur d'Aravind nous promet de nous aider. Notre petit magasin ambulant d'optique ophtalmique connaît un succès immédiat !

Un jour, dans la queue, quelqu'un vient de loin

Paris. Décembre 2004. Je reçois un mail du patron d'Essilor Inde, Jayanth. Ce mail[3] contient un autre mail envoyé… du camion Aravind (splendide illustration de la vertu des organigrammes plats) !

« Voici la photo d'une dame. Elle venait de très loin, elle a refusé qu'on lui offre sa paire de lunettes, elle a exigé de payer » (le prix était de 10 dollars).

Motif : « Que faites-vous, messieurs, de ma dignité ? »

« C'est le profil du client que nous recherchons. »

Nous sommes tous très émus de voir cette vieille femme qui vient d'obtenir sa première paire de lunettes. Aller se procurer ses lunettes à la

---

3. Cf. annexes, T 1.

ville lui a coûté une fortune. Elle vit dans un village de 2 000 habitants, elle gagne 1 dollar par jour, elle a voyagé une journée avec un membre de sa famille, car en Inde la coutume veut que l'on ne voyage pas seul. Compte tenu d'une carence de travail pendant trois jours pour ces deux personnes, du prix des trajets en bus pour venir, le coût total de la paire de lunette s'élève à 20 dollars donc à vingt jours de travail.

Nous sympathisons avec elle et lui demandons d'aller la voir dans son village.

Une fois sur place, nous découvrons le pot aux roses sous la forme d'un petit loueur ambulant. Cet homme fait son *business* en visitant les petits villages avec une valise remplie de lunettes prémontées. Il vient, à date régulière, pour louer ses lunettes. On se renseigne pour être là le jour où il passe.

Tous les habitants se pressent, viennent choisir des lunettes qui leur vont à peu près. Les femmes enfilent les fils dans le chas des aiguilles, les hommes lisent le courrier. On demande le prix. Réponse : « Une roupie par quart d'heure » (une roupie vaut un cinquantième de dollar).

Autrement dit les gens paient 1 dollar par an pour voir bien un quart d'heure par semaine. Il y a un marché, nous allons pouvoir construire à partir de là.

Je vous passe tous les essais qui n'aboutirent pas.

L'idée géniale a été de reconstituer la foire du Moyen Âge. La méthode est très simple.

Nous rémunérons la mairie pour prospecter les clients potentiels. Nous fixons un prix de 5 dollars pour l'équipement, l'idée étant de diviser par quatre ce qu'a payé la vieille dame qui refusait notre don. Dès que le maire a assez de monde sur sa liste, il appelle la caravane.

En pratique, dès l'arrivée de la caravane avec son « camion opticien », les gens passent toute une série de tests visuels, y compris celui de la réfraction. Munis d'un petit document reprenant leur prescription, ils se dirigent vers le camion. Tout comme chez un opticien ordinaire, ils choisissent leurs montures et les verres de stock adaptés sont montés dans l'heure qui suit.

Avec cent vingt clients par village, 5 dollars pour l'équipement et cent cinquante villages par an, l'activité est rentable. Comme elle est rentable... elle est durable et peut croître naturellement. Le modèle tient depuis quatre ans. Aujourd'hui, nous avons quatre caravanes, et une cinquième est en préparation.

Prochaine étape ? Difficile à dire.

Sur la durée, mobiliser cent vingt clients par village est difficile à tenir. C'est difficile aussi pour les équipes. Heureusement, rapidement, les villageois ont voulu de meilleurs verres et de meilleures montures. Ils sont prêts à payer plus cher pour bien voir, et les femmes ne veulent pas des lunettes de leur voisine. La montée en gamme a largement compensé le moindre volume ! Ce qui en dit très long sur notre métier, sa nature et son potentiel.

Un équipement ophtalmique de prescription... ce n'est plus un mois, c'est devenu une semaine de travail !

Lorsqu'on raconte cette aventure, nos interlocuteurs ont des réactions souvent contrastées.

Beaucoup disent : « C'est écœurant. Si vous arrivez à faire des lunettes à 5 dollars, qu'est-ce que vous devez vous mettre dans les poches en France ?! »

Je réponds toujours poliment à la question mais je suis effaré par cette suspicion immédiate de l'entreprise et le manque de culture économique qu'elle révèle.

La différence de prix vient de la différence du coût de la vie entre l'Inde et la France. Quatre-vingt pour cent du coût d'une paire de lunettes est un coût local : l'opticien est local, le laboratoire est local, seul le semi-fini est délocalisé. Le coût de la vie en France étant de 60 euros par personne et par jour, il est soixante-dix fois plus élevé qu'en Inde. Nous sommes donc dans le même *ratio* avec nos verres ! Un équipement ophtalmique correspond nous l'avons dit à peu près à une semaine de travail : 5 dollars en Inde donc, et 300 euros en France pour un verre simple. Soulignons bien qu'à 5 dollars on parle d'un équipement simple, pas d'un équipement progressif.

Le secret donc est qu'Essilor, pour servir les plus pauvres, a tout simplement adapté ses coûts au marché. Essilor a mis la technologie de la filière au coût de facteur des campagnes indiennes. Voilà les bienfaits de la mondialisation à l'œuvre. Faut-il nous en vouloir ?

Essilor et ses équipes sont arrivés naturellement à cette démarche. Jamais un dirigeant n'a dit : « Je veux des activités généreuses dans le groupe. » Tout cela est venu des équipes indiennes, qui n'aiment guère trop en parler d'ailleurs, car elles ne souhaitent pas que nos clients soient instrumentalisés. Aujourd'hui, nous partageons ces expériences dans le groupe. Les Chinois démarrent une aventure de ce type dans les écoles pour détecter les défauts visuels des enfants. En effet, le modèle du *rural marketing* ne fonctionne pas en Chine, parce que les routes y sont de meilleure qualité, et l'accès aux villes moyennes par les paysans beaucoup plus simple. C'est pour cela que nos équipes ont choisi un autre angle d'attaque : dès qu'un directeur d'école détecte cent enfants mal corrigés, il appelle le car Essilor !

Nous vérifions actuellement la rentabilité du modèle. Si elle est réelle, nous le déploierons[4].

Travail, métier, champion… bienfaiteur ?

Une entreprise passe par différentes phases comme nous l'avons expliqué : le travail, le métier, le *leadership* mondial. Dès qu'elle atteint le *leadership*, elle comprend tout naturellement qu'elle est peut être l'organisation la mieux à même de servir les plus pauvres. La valeur des grandes entreprises mondiales réside dans leur capacité de couverture. Essilor compte au moins 500 millions de clients. Nous sommes partout, absolument partout dans le monde. Dès qu'une belle idée germe quelque part dans le monde, elle a une capacité de rayonnement immédiat dans l'entreprise. Dès que nous installons un laboratoire de prescription dans une ville moyenne, cela génère des vocations ou des installations d'opticiens qui trouvent une bonne rentabilité et peuvent ouvrir un magasin. Très rapidement, cela change les conditions de travail, les enfants ont de meilleurs résultats à l'école, les artisans travaillent plus longtemps. Notre rôle est évident dans le développement, il suffit de revenir régulièrement au même endroit et d'ouvrir les yeux !

Notre activité quotidienne, correctement menée, vaut probablement bien des démarches « sociétales » ! Ceci est valable en Inde mais aussi en France. Et si le développement durable était tout simplement… l'économie de marché ?

---

4. Quand je parle de notre activité de *rural marketing* en Inde, beaucoup de jeunes viennent me voir après la conférence et me demandent si ils peuvent s'y rendre utiles ; c'est évidemment très difficile à un jeune Français de participer à l'aventure, son billet d'avion rendant inopérante instantanément l'économie de toute l'opération ; aussi je leur dis que de nombreuses opportunités de rendre intelligemment service à des personnes situées au bas de la pyramide se trouvent probablement à leur porte, en France, il suffit de savoir regarder autour de soi ; à mes yeux, une des plus belles réalisations dans ce domaine est certainement celle de l'Adie, organisation créée il y a vingt ans par Maria Nowak.

LES CHEMINS
DE LA CONFIANCE

L'entreprise est l'endroit où la plupart des gens passent le plus clair de leur temps. Cela équivaut en général au moins à trois fois le temps passé à l'école. Il est donc dramatique que des salariés ne se réalisent pas au travail. Considérer que la vie est ailleurs, d'accord, mais que de temps perdu en ce cas ! L'entreprise devrait au minimum donner un métier. Elle devrait aussi être un lieu de progrès et de développement personnel. Pour y parvenir, la confiance est indispensable.

La confiance ne se décrète pas, elle se crée par des actes quotidiens. Insaisissable, la confiance est d'abord un climat, un esprit indispensable au développement et à la réussite d'une société. Réciproquement, la réussite nourrit la confiance, tout cela forme un cercle vertueux.

L'enjeu est de taille : les salariés devraient avoir envie de venir au travail chaque jour ! Ils devraient prendre plaisir à donner le meilleur d'eux-mêmes, ils devraient sentir qu'ils progressent. Pour cela, ils devraient avoir confiance en leurs collègues, dans leur direction, mais aussi dans le projet global de l'entreprise.

Obtenir et conserver cet esprit a un côté mystérieux. Cependant il y a un savoir-faire organisationnel et des comportements simples qui peuvent y aider.

Savoir-faire organisationnel

Quarante ans de la vie des entreprises m'ont appris une chose simple. Dès que les personnes sont mises en position de prendre, chacune à leur niveau, des responsabilités définies avec discernement, elles progressent.

Voir les personnes grandir avec l'entreprise et dans l'entreprise est mon meilleur souvenir de toute ma vie d'entrepreneur.

Pour que ce mécanisme de progrès fonctionne, il faut d'abord bien dessiner l'organisation pour donner le maximum de responsabilités au maximum de gens possible.

Un organigramme plat n'a que des avantages. Il consiste à rattacher à chaque dirigeant non pas six ou sept collaborateurs, mais douze. Il limite la bureaucratie, augmente les opportunités de grandir puisqu'il multiplie les prises de responsabilité et réduit les niveaux hiérarchiques. Chez Essilor, nous essayons d'avoir douze reports par personne. Grâce à cette technique, entre le PDG et l'ouvrier d'un laboratoire européen, il y a six étages, pas plus !

Six étages, c'est la maison dans laquelle tout le monde peut vivre et se côtoyer tous les jours. C'est un facteur de cohésion absolument essentiel pour une entreprise, comme pour la société. Versailles a isolé les élites du peuple. C'est peut-être pour cela que le peuple français est devenu régicide cent ans plus tard !

Il faut aussi apprendre aux dirigeants à donner des objectifs justes et intelligemment définis. Ces derniers diffèrent en fonction de la place dans l'organisation : le vendeur a des objectifs de ventes sur son secteur, à la semaine ; le directeur des ventes est apprécié sur les ventes au mois sur tout le territoire ; le directeur commercial a des objectifs qui se mesurent en parts de marché ; le directeur de la branche a des objectifs de croissance de résultat sur trois ans, et le PDG est jugé sur la création de valeur en cinq ans. Il est très important que tout le monde soit exposé à la mesure d'un objectif, les dirigeants comme les autres.

Ceci dit, l'architecture (le contenant) ne suffit pas : il faut aussi savoir donner des objectifs (le contenu) pertinents. Ce choix ne peut se faire sans une discussion personnelle bilatérale régulière avec le supérieur hiérarchique. C'est dans ces conditions que la prise de responsabilités produit ses effets positifs. Il faut des objectifs bien calés, au bon niveau, du haut en bas. Sinon, que les objectifs soient trop hauts ou trop bas, on entre dans la politique et les petits jeux qui finissent mal. L'avantage de ces entretiens auxquels nous tenons beaucoup chez Essilor est qu'ils créent aussi une indispensable intimité entre un chef et son équipe.

Il faut enfin que l'appréciation de la performance soit juste, sinon tout l'édifice s'écroule. Rien de plus terrible que des chefs injustes ou des gens qui ont des comportements de type mafieux (je te protège si ta performance est moins bonne, mais tu me fais allégeance !). Ils cassent la confiance et mettent tout l'édifice à plat en peu de temps.

Un bon système d'objectifs demande donc de la réflexion, de la transparence et beaucoup de soin. Il se construit sur la durée et demande que l'on entre dans le détail. C'est un mélange d'attention à court terme et de vision à long terme.

À partir du moment où les collaborateurs ont des objectifs qu'ils assument, et qu'ils savent qu'ils seront jugés équitablement, se met en marche un cercle vertueux. En cas de succès, c'est évident, la confiance progresse. Plus intéressant : le système permet aussi de bien gérer les échecs qui, après analyse, deviennent des facteurs de progrès. Celui qui a connu l'échec est souvent d'ailleurs mieux armé que les autres, s'il a fait l'effort d'en comprendre les origines.

Je vais encore plus loin. Sans avoir connu un échec, on n'est pas un *manager* complet et on risque de ne pas être en position d'apprendre. (C'est souvent le problème des gens qui ont fait des études trop brillantes, quelques mauvaises notes leur auraient fait du bien !) Avec un système juste chacun progresse par ses succès et à travers ses échecs qui, statistiquement, doivent forcément se produire. La prise de responsabilités fait systématiquement grandir.

En cas d'échec à répétition, j'aime toujours savoir qui a nommé la personne concernée au poste qu'elle occupe. L'erreur est souvent d'avoir promu quelqu'un trop vite ou à un poste qui ne lui convenait pas. C'est important de s'en souvenir. Il est important pour les collaborateurs de savoir que leur chef a aussi un chef et que cela monte jusqu'au PDG, qui doit lui aussi répondre de ses actions. Chez nous, il n'y a pas de fausse honte à reconnaître les échecs, et ceci est valable pour tous. C'est une forme d'équité, et cela permet de cultiver son humilité devant les faits.

Le mécanisme de mesure de la performance permet de régler les questions de rémunération :

Les postes sont rémunérés au niveau du marché ; la performance est réglée par les bonus, et les augmentations sont la conséquence de la montée dans l'organigramme étayée par des performances objectives.

Ces systèmes de prise de responsabilité, de fixation de la rémunération et de promotion objective comprise et justifiée sont le moteur de la « méritocratie », nous y sommes très attachés. La promotion par la performance est chez nous une valeur intangible, c'est elle qui permet d'avoir des organisations dont la politique est pratiquement absente. Elle permet d'intégrer, sans tensions, des talents extérieurs qui sont bienvenus, car nous avons un métier qui repose en permanence sur l'exploitation de nouvelles technologies. Les collaborateurs très diplômés qui nous rejoignent savent que nous sommes une « méritocratie ». Ils savent qu'ils seront traités en toute équité et qu'il n'y aura pas de bizutage. Ils savent aussi que leur diplôme ne les dispensera pas d'entrer dans notre système « méritocratique ».

Un jour, un normalien en sciences me parla de son chef, bien moins diplômé que lui (en fait à peine diplômé, mais ô combien intelligent et compétent). Il me dit : « Monsieur Fontanet, je n'ai jamais eu de meilleur professeur de toute ma vie. »

La « méritocratie » fonctionne et, quand elle est gérée par des gens justes, elle est très bien acceptée par tous.

Voilà très rapidement décrits les processus qui permettent d'entretenir la confiance, le progrès, la « méritocratie ». Nous les considérons comme essentiels pour faire progresser le capital humain. Ils ne règlent pas tout, car vous aurez toujours des gens incapables d'inspirer confiance, mais ils aident incontestablement.

Les variables de comportement

Au-delà des processus, il y a les comportements. Moins faciles à exprimer car plus subjectifs, ces comportements vertueux sont cependant bien identifiables.

Respecter l'individu et promouvoir son talent

Respecter l'individu, c'est tout d'abord respecter son travail et ses idées. Certains *managers* ont la fâcheuse habitude de s'approprier le travail ou les idées de leurs collaborateurs. Heureusement cela finit toujours par se savoir. Cette attitude détruit le concept d'équipe et tue la créativité. Pourquoi voulez-vous vous mettre en quatre si le chef tire la couverture à lui ?

Respecter l'individu, c'est aussi respecter sa personne et donc s'intéresser authentiquement à lui, ce qui veut dire chercher à le servir plutôt qu'à se servir de lui. Les gens qui instrumentalisent les autres dans le travail, il faut s'en séparer.

L'individu est une unité. Il ne peut y avoir d'un côté le salarié et de l'autre le père ou le mari. Quand les gens ont de réels problèmes, c'est souvent à la fois personnel et professionnel. Il faut être capable d'y être attentif. Il s'agit ici de respecter sincèrement la personne dans son intégrité et il faut qu'elle sente que ce n'est pas affecté...

Chacun d'entre nous a un talent unique (on peut le qualifier de « génie »), qui peut lui permettre d'aller très loin dans un domaine. Les bonnes entreprises savent le détecter et mettre les individus en situation de le développer. Les talents sont aussi variés que les visages. L'harmonie des relations apparaît quand chacun comprend qu'il est différent des autres, qu'il a quelque chose d'unique à apporter mais qu'il dépend aussi d'autrui, car il ne peut pas et ne sait pas tout faire.

Écouter !

Il y a ceux qui prêtent l'oreille et ceux qui écoutent. La différence est énorme ! Écouter implique une attention toute particulière. Écouter, c'est comprendre autrui, faire preuve d'une réelle empathie. L'écoute est un véritable enrichissement. Impossible d'agir dans de bonnes conditions si vous faites l'impasse sur cette phase préliminaire décisive. Les plus à l'écoute sont capables de faire grandir les gens simplement en tendant l'oreille et en posant les bonnes questions. Un regard fait parfois toute la différence !

Écouter ses clients est aussi capital pour comprendre leurs attentes, anticiper leurs besoins. *In fine*, ce sont eux qui décident, alors autant savoir ce qu'ils pensent ! Les meilleurs vendeurs ne sont pas les bonimenteurs, ce sont ceux qui ont compris le mieux leurs clients.

L'écoute n'est malheureusement pas une qualité également partagée. Beaucoup se contentent de tendre l'oreille. Certains ont trop de problèmes avec eux-mêmes pour pouvoir écouter. Quant à ceux qui parlent trop et empêchent les autres de parler, ce sont de vrais poids pour les organisations. Personnellement, avec l'expérience, je les supporte de moins en moins.

Parler vrai !

Chez nous la parole est d'or. Nous avons été plusieurs fois amenés à honorer la parole d'un commerçant qui s'était trompé dans une promesse faite à un client. Cela nous a coûté très cher, mais a été une façon de montrer aux collaborateurs que donner sa parole est quelque chose de très sérieux. Chez Essilor, chacun sait que sa parole engage.

Beaucoup de *managers* n'osent pas aborder les vrais sujets de peur de fâcher. Un chef doit savoir dire quand cela va... mais aussi quand cela va moins bien. Savoir dire simplement la vérité fait progresser les individus et l'organisation. Pour ce faire, il faut du courage, mais un chef juste doit savoir marquer les coups. Tout malentendu est une bombe à retardement qui, tôt ou tard, éclate !

Responsabiliser le plus de monde possible

Plus l'organisation est plate, plus elle est performante. Je l'ai dit, un bon entrepreneur doit pouvoir diriger jusqu'à douze bons *managers*. L'organisation issue de ce principe a un gros avantage : elle évite les pertes d'informations (voire les désinformations) que l'on rencontre dans une structure pyramidale.

Des organigrammes plats vous forcent à avoir des gens de qualité qui comprennent vite et sont synthétiques dans leur interaction. Les structures moins plates créent des petits chefs, de la petite politique, car dans ce cas trop d'individus ne sont pas assez occupés. Pis que tout, elles génèrent de la bureaucratie. La prise de responsabilité est ce qu'il y a de plus formateur ; la bureaucratie la détruit partout où elle s'installe.

Du bon usage des consultants

Je me méfie beaucoup de la bureaucratie, et je peux vous dire qu'elle n'existe pas que dans l'administration. Elle peut être adaptée à certaines organisations, mais nullement à des entreprises en concurrence.

Le consultant est le pendant de l'organigramme plat. Un consultant a un savoir que vous n'avez pas. Grâce à son expérience d'autres secteurs, il saura vous donner des éclairages nouveaux, il saura vous dire où vous vous positionnez par rapport à la concurrence, mais aussi comment vous améliorer. J'ai été moi-même consultant au début de ma carrière. Je sais donc apprécier leurs qualités. Les bons consultants apportent une vraie valeur aux organisations, à condition de bien les choisir, de très bien définir leurs missions et de prendre, dans chaque domaine, le *leader* ou celui qui est en passe de le devenir.

L'indispensable transparence

La même information pour tous ! Je ne supporte pas de discuter avec quelqu'un qui se trouve en position d'infériorité parce qu'il a moins d'information (pas plus que je ne supporte d'être, moi-même mis en infériorité par quelqu'un qui ne me raconte pas toute l'histoire !). C'est une affaire de dignité.

Nos syndicats ont les mêmes informations que le marché financier ou que le comité exécutif. Cette transparence se justifie par notre histoire mais aussi parce que nous sommes convaincus que les gens se comportent beaucoup mieux quand ils savent exactement de quoi il retourne. La transparence est une condition essentielle de la responsabilisation des équipes. Elle permet que tous tirent ensemble dans le même sens.

Pas de management sans justice

Ne pas récompenser un salarié qui a atteint ses objectifs est aussi injuste que récompenser quelqu'un qui ne les a pas atteints. L'injustice prend souvent la forme de passe-droits et crée des déséquilibres au sein d'une équipe. Elle provoque un climat délétère et décourage à juste titre ceux qui veulent donner le meilleur d'eux-mêmes.

« Tous à la même hauteur, voilà le vrai bonheur », considéraient les sans-culottes. En termes de *management,* il n'y a rien de plus décourageant que la moyenne. Imaginez une classe dans laquelle le professeur donne la même note à tout le monde. Il décourage les meilleurs, qui ne voient plus de raison de se fatiguer, et il encourage les moins bons à ne pas chercher à s'améliorer. Avoir le courage d'acter des différences dans la performance est une façon de rendre la justice, c'est indispensable à la santé d'une entreprise.

Partout dans le monde je retrouve la même règle : quand les chefs sont justes, l'ambiance est bonne et les bonnes pratiques s'étendent ; quand les chefs sont politiques, les mauvaises pratiques (faire le minimum) se diffusent. En la matière, les choses vont vite !

Vite, une fête !

Nous avons l'habitude chez Essilor de fêter nos réussites. Qu'il s'agisse d'un contrat gagné, d'un retour d'expatriation, d'un nouveau produit dont le lancement est particulièrement réussi, d'une Légion d'honneur ou d'une médaille du travail, nous nous réunissons pour fêter l'événement. Les vertus de ces fêtes sont immenses. Ces moments de convivialité permettent de renforcer l'esprit d'équipe. Ils permettent aussi de montrer aux uns et aux autres qu'ils occupent une place fondamentale au sein de l'entreprise. Une entreprise est une famille, on en a parlé. Vous débouchez le champagne quand l'un de vos enfants a son baccalauréat ? Pourquoi ne pas le faire quand un de vos collègues est récompensé lui aussi ?

Confiance en soi ou arrogance ?

Il n'y a pas de performance sans estime des autres mais aussi de soi. Chaque collaborateur doit avoir confiance en ses moyens et en ses qualités. C'est le rôle du *manager* de le valoriser et de lui insuffler cette énergie qui va le faire avancer.

Gare cependant aux excès en la matière. Quand la confiance en soi tourne à l'arrogance, l'effet est catastrophique. Et les deux sont proches. L'arrogance, c'est le risque que court le *leader*. Je dis souvent que l'humilité doit croître beaucoup plus vite que la part de marché !

Je me méfie beaucoup des individus qui ont trop de certitudes, quel que soit leur âge d'ailleurs. D'expérience, je sais que les experts les plus brillants sont très souvent les plus humbles. Le meilleur antidote à l'arrogance, c'est la concurrence et la visite régulière des clients !

Accepter le changement

Quand je prends du recul sur les vingt années passées comme opérationnel chez Essilor, je réalise que chaque année nous avons changé quelque chose de très important dans la maison : production, *engineering*, achat, organisation, actionnariat, périmètre. De ce fait, le changement est devenu une habitude.

Nous avons constamment changé, car notre environnement a lui aussi changé. La clé est d'anticiper ces changements et d'y aller franchement.

Le changement doit être perçu comme un nouveau champ d'opportunités qui s'ouvre à vous. Vous devez accepter de vous former à un nouveau métier, d'évoluer à l'étranger, de faire partager votre savoir-faire sur un autre site. L'entreprise a besoin de cette flexibilité pour se développer.

Le changement favorise la croissance, et la croissance c'est ce qui permet à tous de grandir. Je ne saurais pas diriger une entreprise sans croissance.

Leader, sinon rien !

La confiance se construit aussi au travers des objectifs que l'on se fixe et que l'on réalise. Devenir et rester numéro un mondial fait partie de ces aventures que tous les salariés ont envie de vivre. Leur action, leur implication quotidienne prend une dimension historique. Chacun à son niveau s'inscrit personnellement dans ce projet qui le dépasse et le grandit. La confiance, c'est la confiance en soi, dans les autres et dans le système.

Il est évident qu'une bonne stratégie est nécessaire au maintien d'un bon esprit, qui est lui-même le garant d'une bonne exécution. Il n'y a pas d'un côté le *management* et de l'autre la stratégie. Les deux s'annulent ou se renforcent, il faut l'un *et* l'autre !

Un PDG qui dure

La confiance s'inscrit dans la durée et doit se reconquérir chaque jour dans tout le détail de la vie au travail. Un PDG n'obtient la confiance de ses salariés qu'au bout de quelques années, je dirais cinq années. On guette ses actions, ses positions sur les grands et les petits sujets, avant de vraiment le juger et le suivre. Il faut donc qu'il dure beaucoup plus longtemps puisque, s'il ne dure que cinq ans, au moment où tout peut commencer, tout est de nouveau à refaire avec un autre.

L'idée du prétendu pouvoir d'un PDG est une idée qui se révèle fausse dès que l'on a compris que le pouvoir est entre les mains du client. Le PDG est au service de la communauté qu'il anime et dont il est responsable.

Le métier de PDG ne peut pas être un métier de mercenaire, le PDG doit être issu de l'entreprise, c'est la consécration de la « méritocratie ». Le PDG doit faire le lien entre l'interne et l'externe, pour créer la confiance des deux côtés. Il est des cas graves où il faut se résoudre à faire venir quelqu'un de l'extérieur, mais ce ne peut pas être la règle.

PARTIE II

ÉCONOMIE DE MARCHÉ ET MORALE

PREMIÈRE VENTE

Sa première vente

C'était il y a dix ans. Nous passions nos week-ends en Normandie, où nous avons une maison familiale, et je fouinais sur la place du village en sortant de chez le boulanger. Il y avait là un petit marché. J'ai toujours aimé chiner. Au détour d'une allée, je tombe sur un tout petit banc en bois qui semblait neuf. Je le regarde de près. Il correspondait très exactement à ce que je recherchais depuis un an pour que mes petits-enfants puissent s'asseoir le soir au coin du feu. J'avais fait quelques recherches en vain sur catalogue ; l'objet recherché était là, sous mes yeux !

Je m'approche pour me renseigner, un jeune garçon un peu timide me salue. J'engage la conversation et me rends compte que c'est lui qui a conçu et fabriqué ce joli meuble. Il était entré dans l'entreprise familiale, c'était son premier travail. L'usinage était remarquable, les proportions absolument parfaites. Cet enfant avait manifestement hérité du talent des menuisiers normands, le vernis était admirablement déposé. Du très bel ouvrage ! Le prix était 25 euros.

Je lui dis : « Je te l'achète, voici 30 euros. »

Le jeune garçon prend les billets, tout ému. Il ne sait pas quoi me dire ni que faire des billets. Je l'encourage : « C'est ton premier banc, il est magnifique. Tu es un extraordinaire menuisier, travaille dur, tu iras très loin. »

Je n'oublierai jamais le sourire qu'il m'a fait ni ses yeux pétillants. J'ai toujours pensé que je lui avais fait cent fois plus de bien en lui achetant son banc que si je lui avais donné cette somme sans rien en échange.

Débuts au BCG

La scène remonte au début des années 1970. Je venais de rejoindre le Boston Consulting Group (BCG) après mes études aux Ponts et chaussées et au Massachussets Institute of Technology (MIT) à Boston. Ma recherche de travail avait été très curieuse. C'était une époque beaucoup plus facile qu'aujourd'hui, les jeunes avaient le choix. J'avais de nombreuses offres de grandes sociétés françaises dans la banque ou dans l'industrie. Les patrons étaient souvent des personnes que ma famille connaissait. Quand je me présentais, on m'interrogeait sur mes études, mais curieusement les gens s'intéressaient peu à mon diplôme du MIT que je venais d'obtenir.

J'avais par ailleurs de nombreuses offres de consultants américains. Quand je demandais conseil à mes proches, la réponse était sans équivoque : « Méfie-toi de ces cabinets de conseil, tu t'amuseras deux ou trois ans et après tu seras inemployable. Commence donc par l'industrie. Nous connaissons du monde, et tu seras en terrain ami. »

Une chose me troublait. Les offres des cabinets américains proposaient des salaires entre deux et trois fois plus élevés. Finalement, de guerre lasse, je donne mon accord à une entreprise industrielle qui me propose de diriger une petite usine. La décision ne me rendait pas heureux, mais c'était une forme de sagesse avec un petit goût amer de soumission à mon milieu. Le soir même, François, un ami très cher, qui se reconnaîtra, m'appelle : « Xavier, tu fais l'ânerie de ta vie. Avant de te décider, passe donc au Boston Consulting Group. Rencontre Bruce, qui est à Paris demain et décide-toi après. » Bruce, c'était Bruce Henderson, le fondateur mythique du BCG.

La rencontre de Bruce avec un prospect est annulée, à l'improviste on me dit de déjeuner avec lui, je me retrouve incrédule face à cette légende vivante.

C'était un fils de pasteur baptiste qui avait passé sa jeunesse à vendre des bibles avec son père. Il avait un côté missionnaire, il parlait tout bas. J'ai appris après qu'il le faisait exprès pour forcer les gens à écouter. Il prenait plaisir à discuter avec moi qui défendais des visions de la micro-économie, tout juste apprises au MIT, mais déjà dépassées par celles du BCG (je ne le savais pas encore). Nous discutions assez vivement de théorie du prix, quand, d'un geste auguste, sans le faire exprès bien entendu, il renverse sa soupe sur son pantalon. Il l'essuie négligemment et continue la discussion avec moi, comme si de rien n'était.

Sur ce geste, je décide d'entrer au BCG. Dans l'heure qui suit, j'envoie au groupe industriel une lettre de démission un jour après avoir accepté le poste : un patron de société qui s'intéresse à un petit jeune comme moi, lui consacre un repas et discute avec passion au point d'en oublier la soupe qui tombe sur son pantalon est forcément à la tête d'une société exceptionnelle !

Le BCG à Paris était une petite *start-up*. Nous étions dix, les plus âgés avaient alors trente-cinq ans. Nous vendions du conseil en stratégie, un métier qui requiert *a priori* de l'expérience. Nous compensions notre jeunesse par l'utilisation de produits en avance sur leur temps : la courbe d'expérience, le portefeuille de produits, la formule de croissance, la segmentation et bien d'autres. À Paris, nous volions de succès en succès.

Trois ans après et deux déménagements plus tard, nous étions quarante, installés à la Défense dans l'ancienne tour Fiat. Nous avions conquis à la hussarde le marché français du conseil en stratégie. Les grands du métier étaient *groggy*… ce qui ne diminuait pas notre motivation.

Ma première vente

Je devins alors *manager*. J'avais bien compris le métier et étais désormais capable de diriger des équipes dans le cadre de petites études. Je n'avais par contre pas le droit de vendre ces travaux. Cette activité était réservée aux vice-présidents, seuls habilités à faire des offres. Quand un client demandait un service, ce sont les vice-présidents qui lui rendaient visite pour comprendre ses enjeux et faire des propositions.

Une fois les offres acceptées par les clients, les vice-présidents recrutaient librement leurs équipes et leurs *managers* à l'intérieur du bureau. En clair, c'étaient eux qui avaient le pouvoir, et ce pouvoir ils le tiraient de la vente. C'est un comité mondial qui décidait du passage d'un *manager* au rang de vice-président.

J'étais donc *manager*, je ne pouvais pas vendre, mais j'avais un contact direct avec les clients.

« *Monsieur Fontanet, ça me coûterait combien ?* »

Au MIT, je m'étais passionné pour les ordinateurs. On en était au tout début de cette industrie et on vivait les balbutiements des ordinateurs personnels et des tableurs. L'ordinateur de base était l'Apple. Le concept de tableur, qui est naturel aujourd'hui, a été inventé à Boston. Le tableur de référence s'appelait à l'époque Visicalc, je trouvais ce *soft* fabuleux et j'avais une réelle avance sur mes collègues dans l'utilisation de cet ancêtre d'Excel. J'avais en particulier mis au point un modèle mathématique permettant d'établir le *business plan* à moyen terme d'une entreprise en tenant compte de ses concurrents. C'était la modélisation des théories de Bruce. En termes simples, je calais les résultats et les parts de marché de tous les concurrents d'une industrie, chaque joueur prenait la place d'un concurrent et le modèle calculait les effets des décisions sur les entreprises. Cela transformait l'exercice ennuyeux du plan à moyen terme en un véritable jeu de Monopoly ou de Risk. Mon Visicalc calculait les résultats en une seconde, ce qui donnait au travail un aspect extrêmement vivant. Je montrais donc ce produit, un peu en cachette, aux clients qui me semblaient pouvoir être intéressés. D'autres modèles existaient à l'époque, mais ils n'intégraient pas cette dernière dimension externe et ludique. Ils étaient donc bien moins attrayants que le mien.

En mission chez Télémécanique, groupe repris plus tard par Schneider Electric, je suis appelé un soir par le président de la société. Je pensais qu'il était content de mon travail et qu'il me convoquait pour me proposer de rejoindre son groupe.

« Monsieur Fontanet, on me dit que vous avez développé un produit original, j'aimerais vous l'acheter », m'indiqua le président.

Je m'attendais à tout sauf à cela ! Je reprends mes esprits, j'avais envie de vendre, mais n'en avais pas le droit. Je lui promis de le recontacter rapidement.

J'appelle tout de suite le patron du bureau de Paris, John Barnes. Par chance, c'était lui le responsable de ce client. John était un pur littéraire. Les calculs, ce n'était pas vraiment son fort. Il n'y a pas eu de discussion, il m'a dit en substance : « Xavier, je ne comprends rien à ton modèle, mais ce n'est pas grave, je te fais confiance pour ne pas faire de bêtise. La Télémécanique est un gros client, c'est même l'un des plus gros clients du bureau. Notre image à Paris dépend beaucoup de sa satisfaction à l'égard de nos équipes. Tu comprends la situation : fais pour le mieux ! »

John me faisait confiance !

Dès le lendemain, j'informais le président de la Télémécanique et lui donnais le prix du produit : 180 000 francs. Il me dit immédiatement : « Monsieur Fontanet, je suis très intéressé, vous m'associez au travail, pas uniquement à la présentation finale. Je veux voir les progrès toutes les semaines. »

Je me souviens parfaitement de mon état d'esprit du moment : «Vous me faites confiance, vous vous mouillez personnellement, je peux vous dire que vous allez en avoir pour votre argent. Je vais me défoncer pour que vous en ayez dix fois plus que ce à quoi vous vous attendez ! »

Je découvrais à cette occasion l'une des clés de l'économie de marché : la confiance réciproque. Il n'y a pas de vente sans elle.

Marx et sa curieuse conception de l'homme

La vente précède la production, c'est cela aussi que j'avais compris ce jour-là. L'échange est la base de l'économie. Chaque petit Français devrait, à un moment de sa vie, faire de la vente. L'un des problèmes en France est que trop peu de monde a le sentiment que sa paye dépend de la réalisation d'une vente. La sphère publique et les transferts, qui en sont une conséquence directe, sont infiniment trop développés. En France, l'État nourrit beaucoup trop de gens. C'est sûrement là une des raisons qui explique la méfiance des Français envers l'économie de marché.

Une vente est finalement la rencontre de deux libertés. Personne ne vous oblige à acheter un produit. Personne ne vous oblige non plus à le vendre d'ailleurs. La vente est une joie intense, elle est parmi mes meilleurs souvenirs de ma vie de travail.

Quand une vente se fait, chacun exerce son jugement et prend en somme ses responsabilités (le vendeur fait confiance à la capacité de payer de son client, l'acheteur juge que le produit ou le service qu'il choisit le satisfera). L'échange est le moment où s'exerce une confiance réciproque.

L'échange permet d'exercer et de faire progresser son jugement (on voit à l'usage si l'achat a été judicieux) ; or c'est le jugement qui fait la dignité de l'homme ; priver l'homme du marché, c'est le freiner dans son développement personnel. Ceux qui pensent qu'un vendeur manipule ses clients sont en général des théoriciens qui n'ont jamais fait de vente eux-mêmes. L'idée de manipulation est à la base de la théorie marxiste ; le capitaliste investit dans des machines, fait un produit, manipule les acheteurs par la publicité et exploite ses employés ; le profit est le résultat de ce double rapport de force.

Les gens qui tiennent ce discours, et qui sont encore nombreux en France, n'ont certainement pas fait de vente eux-mêmes !

Ils auraient bien vu que vendre n'est pas facile et que vendre rentablement est tout un art. Dans les faits, cette idée de manipulation n'est pas valable tant la concurrence fait rage partout. Les clients sont très intelligents, de plus en plus renseignés. Penser que le vendeur manipule l'acheteur, c'est d'ailleurs faire bien peu de cas de ce dernier, c'est penser qu'il n'est pas capable d'avoir un jugement sain. C'est une drôle de conception de l'humanité.

Vente, développement durable et intérêt général

Les bons vendeurs tiennent toujours compte de l'intérêt de leurs clients. Les bons vendeurs pensent à aujourd'hui, mais aussi à demain. La vente s'inscrit dans la durée. La première vente est souvent suivie d'une seconde, puis d'une troisième. La fidélisation est le défi majeur d'un bon vendeur. Les clients fidèles sont les meilleurs prescripteurs pour de nouvelles ventes, ils permettent la croissance.

Lorsqu'une vente se répète, on entre en somme dans un rapport d'une autre nature : le partenariat. C'est peut-être cela aussi, tout simplement, le développement durable !

Dans ce cas-là, les intérêts particuliers de l'acheteur et du vendeur tendent à converger dans une relation d'intérêt général. Le fameux intérêt général peut très bien trouver sa place dans le marché ; les gens étant libres, on est sûr d'être dans le vrai, quelle meilleure hygiène que de savoir que l'on doit reconquérir le client tous les jours !

Ce qui est valable pour les clients s'applique bien évidemment aux fournisseurs. Après tout une entreprise est le client de ses fournisseurs.

Les meilleurs fournisseurs (il faudrait dire partenaires fournisseurs) sont ceux avec qui on a su créer une relation durable.

En s'intéressant à mon produit, le patron de Télémécanique m'envoyait un autre message encore plus fort : « Xavier, vous êtes bon, votre produit est innovant, vous m'inspirez confiance. » En me faisant confiance, il me donnait confiance en moi, il me permettait d'exister. Comment décevoir dans ces conditions ? Ce fut l'un des beaux jours de ma vie.

Des champions qui dépendent les uns des autres

L'échange a sur la société un effet très profond auquel on ne prête pas attention. Dès que l'on entre dans l'échange, on quitte la logique de l'autarcie, on admet que l'on ne va pas tout produire, on accepte de dépendre des autres, on accepte soi-même de se spécialiser.

Se spécialiser dans quoi ? La réponse est naturelle et évidente. Dans les domaines où l'on a un talent particulier. La vente va beaucoup plus loin que le simple échange, elle induit une organisation de la société.

Quand vous choisissez un électricien, vous êtes vigilant. Une annonce du type « Électricien-Serrurier-Travaux de maison en tout genre » vous inspirera moins confiance que si vous lisez : « Électricien depuis vingt-cinq ans… » Vous avez bien raison ! Il est très difficile de savoir tout faire. Je ne crois guère à la pluri-expertise, à l'encyclopédisme en matière de savoir-faire. Être moyen en tout n'est satisfaisant ni pour un vendeur, qui vendra son savoir-faire à un prix inférieur à celui d'un vrai expert, ni pour l'acheteur, pour qui la qualité est toujours essentielle. L'analyse vaut pour un artisan, mais aussi pour les plus grandes sociétés. Que l'on soit artisan, en profession libérale, une petite ou une grosse entreprise, la concurrence fait que l'on a intérêt à concentrer ses efforts sur peu de domaines dans lesquels on peut réellement exceller.

Au fond grâce à l'échange et à la spécialisation qu'ils provoquent dans la société, nous devrions tous devenir des champions qui dépendent les uns des autres.

SATO SAN,
MON PLUS CHER ADVERSAIRE

Nous sommes en novembre 2005, le téléphone sonne. Au bout du fil Sato san, le patron de Hoya Vision Care, le numéro deux de l'industrie : « Monsieur Fontanet, j'ai une chose importante à vous dire, pouvons-nous dîner à Tokyo quand vous venez en décembre ? » Il savait que je venais puisque nous avions nos *boards* de Nikon Essilor. J'accepte et, en raccrochant, je me dis : « Il va m'annoncer qu'il achète Zeiss, ce qui comblera une partie de son retard sur nous. »

En me présentant à l'entrée du restaurant, j'étais mentalement prêt pour une soirée animée. J'étais accompagné du responsable Asie, Patrick Cherrier. Nous avions tous deux, depuis quinze ans, jour après jour, développé la zone Asie. Ces années furent un long affrontement avec Hoya, un affrontement quotidien. Hoya est pour nous un adversaire créatif, puissant et tenace. Son patron, Sato san, est certainement un des hommes d'affaires les plus brillants, les plus visionnaires et les plus efficaces à qui j'ai eu affaire. Parfois brutal, mais toujours très correct en affaires. Je me rappelle notamment son attitude irréprochable lors de la guerre d'Irak, lors de laquelle nous avons passé aux États-Unis un moment difficile en tant que Français. Hoya a tenu d'une main de fer ses équipes commerciales. C'était facile de faire de la démagogie. Hoya n'a pas eu un mot déplacé contre nous à l'époque. Pas un.

Nous nous étions en fait très rarement rencontrés. Le dernier tête-à-tête avait été une visite de courtoisie pour leur annoncer notre *joint venture* Nikon Essilor en 2000. Je ne voulais pas qu'il l'apprenne dans la presse. Je voulais qu'il ait le temps de l'annoncer lui-même à ses équipes.

Nikon Essilor avait été pour lui un mauvais coup évidemment. Il avait répliqué un an après en achetant le plus grand groupe de laboratoires américain indépendant, groupe que nous convoitions nous aussi. C'était sa façon de nous rendre la monnaie de notre pièce. Je suis intimement persuadé qu'il avait attendu d'avoir remis la balle au centre avant de me parler.

Presque d'entrée, il me dit : « Je vais vous dire une chose que je n'ai dite à personne. Je vous annonce que je prends ma retraite. Seul le président Suzuki est au courant. Je voulais que vous soyez le second à l'apprendre. » Là, il me remercie de l'avoir prévenu au sujet de Nikon Essilor et poursuit : « Je vais vous avouer une chose : nous avons été nommés pratiquement au même moment à la tête de nos affaires respectives ; depuis quinze ans, chaque matin, je me réveille en pensant : "Je casse Essilor, je casse Fontanet." Eh bien, au moment où je prends du recul, je voulais vous dire, qu'après quinze ans, bien que nous ne nous soyons que très peu rencontrés, je vous connais très bien et je me sens beaucoup plus proche de vous que de bien de mes connaissances, même japonaises. »

Vous imaginez l'émotion qui m'a submergé à ce moment, j'ai eu les larmes aux yeux. Patrick Cherrier aussi.

Je laisse passer trente secondes et lui réponds : « Je vais aussi vous dire une chose, monsieur Sato, une chose que je n'ai encore dite à personne : sans vous, sans la pression que vous nous avez mise tous les jours et partout, jamais nous n'aurions monté Essilor aussi haut. Je le pense sincèrement, je veux que vous le sachiez également. »

Rien de mieux que la concurrence pour grandir, pour rester en forme, pour progresser, pour gérer une entreprise, pour inventer. J'ai toujours été fasciné par les grands duels de mon sport favori, le tennis : les Borg-Mc Enroe, les Evert-Navratilova et plus récemment les Nadal-Federer. Björn Borg n'aurait jamais été Björn Borg sans John Mc Enroe, Chris Evert sans Martina Navratilova, Roger Federer sans Rafael Nadal. Un champion se construit dans l'affrontement. Sans adversaire il n'y a pas de champion. Ce n'est pas en échangeant des balles que l'on progresse, c'est en jouant de grandes finales. Sans opposant vous n'existez plus.

La concurrence intense, incessante, en faisant progresser les acteurs de l'industrie, a profité aussi à tous les porteurs de lunettes ! Les progrès de l'optique ophtalmique dans le monde en sont le fruit. La concurrence stimule les entreprises et s'avère salutaire pour les consommateurs.

Cette concurrence entre firmes trouve des leviers dans la concurrence technologique que se livrent les pays à partir à la fois des caractéristiques de leur marché local et des forces respectives de leurs industries.

Les Japonais ont des yeux plus gros et sont donc plus myopes que les Européens, c'est un fait. Un verre de myope est épais au bord, donc peu élégant. Les Japonais ont naturellement travaillé la finesse de leurs verres en demandant à leur industrie chimique de mettre au point des monomères – produits qui servent de base à la production des verres – de très hauts indices. Ces produits que les chimistes américains et européens n'ont pas su faire leur ont permis d'avoir, un temps, une longueur d'avance. Nous autres, Européens, avons des yeux plus petits que les Japonais. De ce fait, nous comptons nombre de presbytes dans notre population. Les verres de presbytes sont très complexes sur le plan optique et demandent au producteur une excellente maîtrise des mathématiques. Pour concevoir ces verres, il faut un mélange de logique – pour établir les équations – et d'intuition – pour faire les bons compromis –, ce qui n'est pas aisé. Par ailleurs, notre industrie de machines outils européenne est très performante.

Nous avons certainement plus de facilités que les Japonais dans tout ce qui touche au calcul. Peut-être les philosophes grecs nous ont-ils appris l'abstraction ? Bernard Maitenaz, en tout cas, a inventé les verres progressifs, qui permettent une meilleure acuité visuelle à toutes distances et sont pour nous un important atout.

Dans la lutte concurrentielle, nous nous sommes inspirés de leurs verres minces, ils ont fait de même en copiant nos méthodes de calcul. Derrière la concurrence entre Hoya et Essilor se dessinait en filigrane une concurrence ou une différence entre deux pays, entre deux continents. La rencontre et la friction des continents à travers leurs champions ont créé de la valeur. La mondialisation est un formidable facteur de progrès quand le marché les fait se rencontrer.

Cette lutte concurrentielle délivre un message très fort. Nadal n'a pas le même jeu que Federer. Toute la beauté de leurs affrontements réside précisément dans la différence. Chacun a progressé en s'adaptant à d'autres surfaces. En étant capables de jouer partout, ils ont pris une dimension supérieure dont tout le monde a bénéficié. Avec eux, le spectacle est tellement beau que le tennis fait de nouveaux adeptes !

C'est exactement ce qui se passe dans les affaires à l'échelle mondiale. Les concurrents arrivent avec leurs histoires, les caractéristiques de leur marché d'origine, et leur confrontation fait progresser toute l'industrie, qui gagne alors sur les autres industries par substitution, puisque le consommateur doit faire face à des arbitrages dans son budget.

Il est avéré que la finesse, la transparence et la légèreté de nos verres, qui sont telles qu'on les oublie complètement, nous a fait gagner sur les verres de contact dans certains créneaux de clientèle.

La mondialisation est un facteur de progrès inégalable pour qui est prêt à sauter dans le grand bain ! C'est aussi la force actuelle de la sphère privée qui a un champ d'action mondial, face à la sphère publique qui reste nationale. Vous imaginez la différence que cela fait en termes de *management* ! Ce sont les entreprises qui nous aideront à bien vivre la mondialisation, plus que les États qui prétendent nous en protéger.

Les jeux de bascule fonctionnent aussi entre industries. L'acuité, que nous offrons actuellement et que nous pouvons augmenter encore considérablement, va aider l'industrie du téléphone en permettant à chacun de lire de plus en plus facilement sur les petits écrans. À son tour, cette dernière va nous introduire dans les pays en voie de développement. Ceux qui voyagent constatent qu'à côté de chaque boutique qui vend des téléphones vous trouvez désormais un opticien !

Je ne vous ai parlé que de la partie visible du verre. L'affrontement s'est porté sur bien d'autres terrains : production, systèmes informatiques, conception de *business models* ! La confrontation concerne chacun des départements de nos entreprises.

Chez Essilor, chacun est responsable d'une partie de la chaîne de valeur. Quand on lutte en haut du système concurrentiel, chacun se doit d'être le plus performant. Chaque Essilorien connaît et accepte cette règle du jeu. La concurrence fait grandir tout le monde, pas uniquement la direction générale, c'est un bon *stress* que nous supportons bien et qui nous pousse, parce que nous nous faisons tous… confiance.

La concurrence est une ascèse, celle des champions. Elle demande une certaine hygiène de vie qui peut être perçue parfois par certains comme une contrainte excessive. Mais elle fait aussi grandir, elle donne une dimension épique au travail. Elle révèle tous les talents qu'une vie de travail médiocre n'aurait pas suscités.

Elle est une sorte de joie, ou un plaisir, lorsque la chance, l'équilibre et le travail sur soi-même font que l'on sait s'accommoder de la tension inhérente aux grands enjeux et en faire une amie. Les grands champions ont besoin des grandes occasions pour tirer le meilleur d'eux-mêmes. Et en plus, la concurrence, croyez-en quelqu'un qui n'a vécu que cela… ça conserve !

CE QUE VOUS FAITES, EST-CE MORAL ?

« Monsieur, c'est très bien ce que vous faites, mais est-ce moral ? »

C'était il y a dix ans. J'étais l'invité d'un colloque, un soir d'automne.

Les premières minutes d'une conférence donnent généralement le ton. Elles vous permettent de prendre la température de la salle. Ce jour-là, je la sens tout de suite avec moi. À la fin cependant, une personne, visiblement agacée, m'interpelle. Elle s'en prend à notre plan de rentabilité sur le thème : « Ces financiers sont fous, ils vont tout casser ! » Nous tenons à nos résultats, je ne le cache pas, ils sont pour nous un gage d'indépendance. J'aime beaucoup le débat et la contradiction lorsqu'ils sont argumentés.

« Je suis tout à fait d'accord avec vous, mais pouvez-vous me dire ce que vous faites ?

– Je suis retraité.

– Êtes-vous prêt à aller voir votre caisse de retraite complémentaire pour lui demander de baisser vos mensualités de moitié de façon à autoriser les sociétés dans lesquelles elle a investi (et qui vous versent vos mensualités) à faire moins de rentabilité ? »

J'ai marqué un point. L'homme ne sait plus quoi dire, et la salle sourit.

Un autre se lève alors et m'attaque sur les délocalisations, et notamment sur la politique d'Essilor en la matière.

« Cher ami, est-ce que je peux voir votre montre ? » Elle était faite en Chine.

« Puis-je voir aussi où est fabriqué votre costume ? » Il était fait en Indonésie !

Tout le monde se met à rire, et une petite joie m'envahit.

J'avais le sentiment d'avoir convaincu.

Un troisième intervient. Un homme sage et d'autorité.

« Monsieur Fontanet, c'est passionnant, je n'ai jamais entendu de défense si astucieuse de l'économie de marché. Mais pouvez-vous nous dire si ce que vous faites est moral ? »

Patatras... Je suis incapable de répondre. Je dis que je ne suis pas philosophe, que je ne suis qu'un opérationnel, que ce sont des sujets qui me dépassent. Je sens la salle basculer.

Comme je ne pouvais répondre à cette question de fond, toutes mes démonstrations précédentes perdaient de leur pertinence. Si vous êtes incapable de dire que ce que vous faites est moral, par déduction, ce que vous faites est immoral. C'est logique et imparable !

Je suis décontenancé. La séance se termine sur des questions anodines, le charme est définitivement rompu. Il est tard. Je rentre chez moi très affecté par cet épisode. Au moins m'a-t-il permis de prendre du recul sur mon activité quotidienne, c'est finalement tout l'intérêt pour moi de ce type d'expériences.

La réponse que j'aurais dû faire : « Votre question n'a pas de sens »

Évidemment, depuis, j'ai réfléchi. Je me suis replongé dans mes livres de philosophie, et c'est André Comte-Sponville qui m'a sorti de l'ornière avec son ouvrage *Le capitalisme est-il moral ?*

L'auteur distingue quatre ordres : l'ordre technique ou technico-économique ; l'ordre juridique ou politique, puisque c'est la cité qui définit la loi ; l'ordre éthique ou moral ; et, pour ceux qui ont la foi, l'ordre religieux.

Il faut apprendre à ne pas mélanger les ordres et appliquer les bons critères à chaque ordre.

Le jugement dans l'ordre technico-économique doit être factuel ; on dira par exemple : « Le capitalisme crée de la richesse, mais aussi des inégalités. » Le droit, lui, permet de juger les actes : un acte est légal ou n'est pas légal. La morale est affaire personnelle : on se donne une régle plus exigeante que la loi parce que l'on pense que c'est bien comme cela. Mélanger les ordres, le technico-économique, le légal et le moral n'a pas de sens. J'aurais donc dû répondre au troisième intervenant : « Monsieur votre question n'a pas de sens car vous mélangez allégrement les différents ordres. »

L'économie de marché n'est pas morale. Elle n'est ni morale ni immorale, elle est amorale. C'est en revanche à chacun de nous de faire de notre mieux pour tenter, là où nous sommes, d'avoir un comportement moral.

Quand on me demande comment faire pratiquement lorsque l'on est confronté à une situation délicate, je réponds que ma conduite a toujours été guidée par deux principes très simples qui tiennent de la Bible et d'Emmanuel Kant : « Traite toujours les autres comme tu voudrais être traité toi-même » et « Agis selon la maxime qui peut en même temps se transformer en loi universelle[5]. »

Le premier principe est bien connu en général. Il existe dans toutes les civilisations.

Le second principe mérite que l'on s'y attarde. Il rappelle, pour ceux qui se souviennent de leurs cours de philosophie, l'histoire de Gygès et de son anneau évoquée par Platon. (Est-ce que je ferais la même chose en étant visible ou invisible ? N'aurais-je pas la tentation de séduire la reine et de tuer le roi si un anneau me donnait le pouvoir d'être invisible ?)

Aujourd'hui, cette visibilité, ce sont les médias qui la donnent. Ce sont eux aussi qui livrent au jugement de leurs lecteurs, spectateurs et auditeurs, les paroles et actes des hommes, et leur donnent la possibilité de juger si la maxime est universalisable ou pas.

Autrement dit : pour savoir si ce que tu fais est moral, pose-toi la question : « Est-ce que je le ferais si cela devait être publié demain dans la presse ? »

---

5. *Fondation de la métaphysique des mœurs* in *Métaphysique des mœurs*, I, Fondation, Introduction, trad. Alain Renaut, p. 118.

À mon sens, le principe kantien vaut aussi pour les médias. « Je viens de faire un article, suis-je bien sûr de refaire le même si le public connaît les conditions dans lesquelles j'ai eu mes sources et l'ai moi-même rédigé ? »

Ce principe leur confère une énorme responsabilité en matière de transparence et doit les inciter à réfléchir aux arbitrages qu'ils font quotidiennement entre vitesse, recherche du *scoop* et précision, entre rentabilité et coûteuse recherche de la vérité.

La société, pour se construire en société de confiance, a vraiment besoin d'eux !

Le jeu sur les mots finit par la destruction du sens

S'il y a une bataille qu'ont perdue tous les libéraux, c'est assurément celle des mots.

Ce glissement du langage a conduit à une détérioration de la pensée.

La gauche est du côté de la « morale » ! Il y aurait en somme : d'un côté la gestion, l'efficacité, la cupidité, incarnées par la droite et les libéraux ; de l'autre, la générosité, le cœur, la morale, incarnés par la gauche. Présenté ainsi, reconnaissez qu'il y a de quoi être de gauche !

Comme il y a dans tout cela une très habile manipulation intellectuelle, cela vaut la peine que l'on s'y penche.

D'abord, la gauche a obtenu le monopole du cœur en étant la première à parler de générosité. Cela a été l'un des coups de génie politique de François Mitterrand. Est-ce de la générosité de distribuer non pas son argent, mais celui des autres ? Je connais des gens de gauche convaincus qu'augmenter les impôts des plus aisés est un acte moral et généreux ! Malgré cette énorme manipulation intellectuelle, le territoire du cœur est préempté dans l'esprit de nos concitoyens. Donc, être de droite, c'est être égoïste, et il est aujourd'hui très difficile de lutter contre cette idée fausse.

La gauche s'est aussi emparée du mot « justice » pour le déformer. La justice se définit, pour quelqu'un comme moi, comme l'application de la loi. La gauche a réussi encore un tour de force sur le sujet en opérant un glissement sémantique majeur. Depuis le début des années 1970, la justice est nécessairement distributive. Elle serait finalement la meilleure façon de réallouer les revenus, c'est-à-dire de prendre aux uns pour donner aux autres... ce qui est une négation du droit de propriété. Où est-on ? Que sont devenus les mots ? Le mot « justice » qui recouvrait la défense du droit... de propriété devient le mot qui sert à le... nier !

On en vient même maintenant à parler de la justice *fiscale* (un nouvel attelage), qui ennoblit la redistribution et peut amener à « moraliser » une spoliation.

Je n'aime pas non plus le mot justice sociale ; je suis bien évidemment pour l'harmonie sociale, mais je n'aime pas que l'on décrive cet état en utilisant le mot de justice qui laisse entendre que l'harmonie est uniquement affaire de loi et d'intervention de l'État.

J'ai entendu un haut dignitaire de la mairie de Paris dire récemment : « Les couloirs de bus, c'est la justice ! » Il voulait dire que les couloirs de bus équilibraient les rapports entre transports privés et transports publics. La confusion entre justice et égalité est évidente.

Le mot « justice » a tout simplement perdu son sens.

Liberté. Depuis les 35 heures, liberté veut dire... temps libre.

Le mot « solidarité » dans « la solidarité des cheminots en grève », c'est du corporatisme.

Justice, solidarité, liberté... trois mots essentiels qui n'ont plus le même sens pour les citoyens.

La bataille des mots a été perdue par les libéraux en France, ce qui fait courir un grand risque à notre pays. Le début de la bataille date de 1968.

En fait, notre pays a perdu beaucoup dans cette affaire. Quand un pays perd le sens de ses mots, cela amorce des querelles infinies.

Je fais donc partie des entrepreneurs qui réclament plus de cours d'économie bien sûr dans le secondaire, mais aussi plus de cours de philosophie. À condition que l'ensemble des différentes formes de pensées économiques soit enseigné à nos enfants, et pas seulement la pensée marxiste. Il est impossible de s'engager dans cette bataille des mots sans revenir aux sources de la pensée libérale.

Allons même plus loin ! Il faut aussi plus de cours et de meilleurs cours de français ! Je suis pour les cours de littérature. Il est urgent que l'on remette le vocabulaire d'aplomb.

Rappelons-nous Socrate : dans tous les débats publics où il intervenait à Athènes, il commençait par définir les mots. De quoi parle-t-on ? Qu'entend-on par là ? Et cela qu'il s'agisse de mots compliqués et abstraits (comme la justice) ou de mots concrets et simples (une table, une caverne). Sans cette démarche, c'est le désordre dans les esprits et la discorde assurée. Pascal disait : « Je ne discute pas d'un mot tant qu'on ne définit pas le mot. » C'est valable dans toutes les civilisations et à toutes les époques. Confucius répondit à l'empereur de Chine qui s'enquérait auprès de lui de la meilleure façon de faire cesser les discordes civiles : « C'est d'un dictionnaire dont les hommes ont besoin ! »

Ne nous faisons pas d'illusions : les faiseurs de discordes, les faiseurs d'embrouilles, les démagogues, les baratineurs des médias, se repaissent et vivent de ce langage détourné. Ils prospèrent sur ses ruines, comme ils prospèrent dans une société sans repères clairs et sans stabilité. Pour casser un pays et une civilisation, rien de tel que de casser leur langage.

Certains ont chargé de tous les péchés le beau mot de « libéralisme » et ont tenté, en mélangeant les ordres, de faire croire que le socialisme était moral. Ces détournements des mots et de leur sens rendent tout simplement la discussion impossible, tout comme le mensonge détruit la confiance.

PARTIE III

PETIT PRÉCIS D'ÉCONOMIE

PETIT PRÉCIS D'ÉCONOMIE 1 :
POUR COMPRENDRE
LA CONCURRENCE

Ce chapitre et les deux chapitres qui le suivent vont être techniques et peut-être ardus pour certains d'entre vous ; nous allons faire un peu d'alpinisme ensemble. Ces chapitres, vous pouvez tout à fait les passer ; ils ont cependant pour but et pour intérêt de tenter de vous introduire dans une forme de pensée économique nouvelle. Celle-ci a été découverte il y a cinquante ans et pratiquée... avant d'avoir été enseignée. Elle met en œuvre des concepts étonnamment simples... et qui marchent (je puis moi-même en témoigner !) ; c'est une approche intégrée qui fait la synthèse entre le monde économique et le monde financier, celui de la bonne finance. Elle a été à la base de la stratégie des plus grands groupes mondiaux et devrait être connue par tous, y compris des élèves du secondaire ; c'est peut-être une des meilleures manières de les préparer au monde concurrentiel dans lequel ils vont vivre.

En effet, à partir du moment où nous vivons dans une société fondée sur la liberté, il faut accepter de vivre en concurrence. Frédéric Bastiat indiquait en ce sens que la concurrence est un autre nom que l'on pourrait donner à la liberté ! Cette concurrence est parfois dérangeante, elle permet aussi de se dépasser. Que nous l'aimions ou pas, elle est un fait qui s'impose à nous, personne ne peut y échapper, et ceux qui la comprendront mieux que les autres vivront infiniment mieux les années qui viennent.

Un économiste a fait faire d'énormes progrès à tous ceux qui se sont intéressés à elle : Bruce Henderson, fondateur du Boston Consulting Group (BCG) en 1963. Il en a été certainement le premier théoricien.

Il a été en particulier le premier à comprendre la dynamique des coûts et des prix sur les marchés concurrentiels, il a mis en évidence la relation existant entre vente et investissement. Il a ensuite décortiqué les relations entre résultat et croissance et découvert l'existence de certaines constantes numériques simples partagées par tous les secteurs économiques.

Fort de ces éléments, Bruce Henderson a proposé enfin une approche logique et pratique de la stratégie que le BCG appelait aussi allocation de ressources (humaines et financières) en système concurrentiel.

Ces idées ont été principalement vendues sous forme de conseil aux entreprises ; celles-ci les mettent en pratique depuis quarante ans. De nombreuses sociétés parmi les plus grandes les ont adoptées. Elles sont donc à l'origine de nombreux *leaderships* mondiaux. Curieusement, elles ne sont connues ni du grand public ni du monde enseignant. Elles ne sont enseignées que dans quelques écoles de commerce. C'est vraiment dommage, car ces idées sont simples à comprendre, et les expliquer à nos enfants leur permettrait de mieux se préparer au monde dans lequel ils vont vivre.

J'ai la chance d'avoir été membre du BCG quand ces idées prenaient forme. Je les ai mises en pratique depuis trente ans comme opérationnel. Elles m'ont personnellement énormément aidé, et je peux témoigner que cela marche !

Aussi, j'ai pensé utile de vous guider à travers les éléments fondamentaux de cette théorie et de vous en présenter quelques applications pratiques.

La première pièce du système est ce que l'on a appelé la « courbe d'expérience ».

La courbe d'expérience

Plus une entreprise produit, plus ses coûts diminuent, cela tout le monde le comprend.

La meilleure façon de mesurer cette baisse n'est pas de suivre la production annuelle de l'entreprise, comme le faisaient les économistes jusqu'alors, mais la production cumulée de l'entreprise depuis son démarrage. Cette production cumulée, Bruce Henderson l'a baptisée « expérience ».

La pente de cette courbe semble être une constante fixe dans le temps : les coûts ajoutés (c'est-à-dire les coûts moins les achats), mesurés en monnaie constante, baissent de 20 à 25 % chaque fois que l'expérience cumulée double et ce, quelle que soit l'industrie.

Une entreprise qui croît de 15 % – ce qui est un taux très rapide ! – voit son expérience doubler en cinq ans. Ses coûts ajoutés baisseront de 25 % sur la période, soit de 5 % par an.

Une entreprise qui croît de 3 % – un taux normal – aura besoin de vingt-cinq ans pour doubler son expérience et verra ses coûts baisser seulement de 1 % par an. Soit cinq fois moins que la précédente !

La pente est la même pour ces deux entreprises, c'est la vitesse d'accumulation d'expérience et donc de descente des coûts qui change.

Autre découverte capitale : dans la même industrie (évidemment hors coûts de facteurs), toutes les firmes sont sur la même courbe au même moment[6]. La courbe d'expérience de l'industrie est un peu comme un escalier : chaque concurrent doit en descendre les marches, tout le monde n'est pas sur la même marche, mais chacun emprunte le même escalier. Voilà l'idée fondamentale.

Les intuitions de Bruce Henderson ont été amplement confirmées par les très nombreuses études que le BCG a réalisées partout dans le monde depuis quarante ans. Ces études démontrent, cas après cas, que les concurrents d'une même industrie n'ont pas les mêmes coûts alors que le produit final est très proche.

Conséquence contre-intuitive : les marges que font les différents concurrents sur le même produit ne sont pas les mêmes. Elles peuvent même être très différentes. Imaginons par exemple une industrie où les parts de marché de trois concurrents sont 40 %, 20 % et 10 %. Les expériences des trois concurrents sont à peu près dans ce rapport au bout d'un certain temps. Le *leader* aura des coûts (ajoutés) 25 % plus bas que le numéro deux qui lui-même aura des coûts (ajoutés) plus bas de 25 % que le numéro trois.

On pourrait penser que les concurrents qui sont dans le même métier ont les mêmes coûts. Il n'en est rien ! Quand vous achetez par exemple

---

6. Cf. annexes, T 2.

une voiture, ce véhicule peut être très rentable pour un producteur et pas rentable pour un autre producteur. Pourtant, le véhicule marche très bien dans les deux cas !

Ces idées ont été à l'époque un véritable progrès conceptuel dans le domaine de la micro-économie. Pourtant, le monde universitaire ne s'y est guère intéressé. Ceci explique probablement pourquoi Bruce Henderson n'a jamais été pressenti pour recevoir le prix Nobel d'économie qu'il mériterait à mes yeux de bon droit.

La segmentation (ou définition du métier) et la courbe de vie

Cette courbe d'expérience s'applique à ce que l'on appelle un métier. Un métier est en fait un système concurrentiel qui délivre aux consommateurs un produit ou un service.

Ce métier demande un ensemble de compétences très spécifiques qui s'améliore au fur et à mesure que l'expérience s'accumule. La définition du métier est assez fine : le métier n'est par exemple ni un secteur ni une filière (la mécanique, le transport, le bois). C'est une notion plus subtile. Tout le monde comprend qu'avion, automobile et train ne sont pas le même métier. Les entreprises et les savoir-faire nécessaires sont totalement différents. L'automobile, définie au niveau mondial, est aujourd'hui un métier qui ne se sous-segmente pas entre grande et petite voiture, les concurrents proposant en général une gamme complète de véhicules. Par contre, poids lourd et automobile ne sont pas le même métier. Les groupes choisissent de se spécialiser sur l'un ou l'autre.

Si certains groupes font les deux, ce sont toujours à travers deux divisions complètement séparées.

Le nombre d'entreprises dans le monde, environ 50 millions, indique que le nombre de métiers est gigantesque. Il y a rarement plus de dix concurrents par métier, ce qui veut dire que le nombre de métiers, à l'échelon mondial, se compte par millions. Bruce Henderson rejoint ici l'intuition de Hayek qui a été le premier à expliciter le caractère très varié de l'économie, au travers du concept de *catallaxia* (signifiant en grec à la fois variété et changement).

Le métier a une composante géographique : il est local, national, continental ou mondial. En général, un métier commence par être local et, du fait du comportement des firmes qui naturellement s'étendent géographiquement, devient continental puis mondial. Les « métiers produits » s'internationalisent en général plus rapidement que les métiers de service.

Le métier a un cycle de vie, il démarre doucement, puis sa croissance s'accélère, se stabilise, diminue et devient un jour négative. La durée de vie d'un métier est très diverse. Elle peut aller de dizaines à plusieurs centaines d'années. L'acier ou le verre plat ont déjà trois cents ans, le thermoplastique moins de cinquante. Les métiers peuvent disparaître purement et simplement (la diligence, le *clipper*, la locomotive à vapeur…).

Le cycle de vie des métiers a été mis en évidence par Schumpeter. Un métier qui croît se substitue à un autre métier ou à plusieurs autres métiers qui, eux, décroissent. La somme de tous les métiers progresse, car l'économie de marché gagne le monde entier.

Cette lutte entre métiers peut être frontale et substitutive : la voiture contre la diligence, le bulbe électrique contre la chandelle. La concurrence peut être aussi protéiforme : le train, l'avion, la voiture, pour le transport entre villes éloignées de 300 kilomètres. Le nombre de métiers en concurrence peut aller encore beaucoup plus loin. Pensez par exemple à quoi se substitue l'iPhone !

La technologie joue un rôle considérable. Les encyclopédies ont d'abord été sur papier (celle de Diderot, la Britannica, le Quid) puis sur disque (Encarta) et maintenant sur internet (Wikipedia, alimenté par les utilisateurs eux-mêmes !). Les métiers peuvent survivre à certains changements technologiques ou peuvent au contraire être détruits par eux. L'encyclopédie traditionnelle a « digéré » le passage au numérique, pas l'arrivée d'internet. Le changement technologique restructure en profondeur tous les métiers de l'économie.

Les économies modernes sont donc un formidable grouillement qui ne doit pas être assimilé au désordre. On en parlera au chapitre suivant. Ce grouillement a ses règles et s'apparente à bien des égards à un ordre naturel. Là encore, cette idée est très contre-intuitive, car la notion d'ordre est en général associée à la présence d'un gendarme ou d'un régulateur. Pourtant, l'ordre naturel a bien ses règles, et ce qui s'y passe est très lisible pour qui maîtrise certains outils, comme on le verra.

La dynamique des parts de marché et des prix

Une fois que l'on a compris qu'il y a un cycle de vie et des différences de coût, la stratégie de chaque entreprise est simple. Il s'agit de gagner des parts de marché aussi vite que possible pour se mettre en bas de la courbe d'expérience afin de bénéficier de la sécurité que donne un coût bas par rapport à la concurrence.

Le seul problème pour les sociétés est que bon nombre de concurrents ont la même idée. Les places sont chères en tête, mais c'est précisément ce qui entraîne la baisse des prix dont bénéficie le consommateur.

Ce sont les plus habiles et ceux qui ont le mieux compris le fonctionnement de la courbe qui arrivent en tête à la fin du cycle de vie. Cette bataille peut durer des décennies. Ceux qui participent le mieux à la mondialisation et qui savent tirer des avantages en matière d'expérience sont en général ceux qui gagnent.

Comme le prix de marché, à chaque instant, tend à être le même pour tous les concurrents et que les coûts diffèrent, les marges diffèrent – le *leader* est plus rentable que le numéro deux, qui est lui-même plus rentable que le numéro trois. Ces différences peuvent durer très longtemps. Il faut donc comprendre comment peuvent coexister sur longue période des concurrents qui ont des marges différentes[7].

Rentabilité et rotation d'actif

La deuxième avancée majeure des travaux de Bruce Henderson concerne le domaine de la finance. Pour comprendre, il faut bien définir les mots et préciser ce que l'on entend par rentabilité et investissement.

Une entreprise a besoin d'investissement pour fonctionner. Une idée sympathique mais fausse court dans l'esprit des gens qui ne sont pas habitués à la vie de l'entreprise. Il suffirait d'avoir un produit apprécié pour que tout fonctionne. Eh bien non ! Le produit, aussi génial soit-il, ne suffit pas. Il faut aussi avoir financé l'usine qui permet de le livrer. En appui du produit, il faut donc un investissement.

---

7. Cf. annexes, T 3.

Cet investissement prend la forme d'usines, mais aussi de fonds de roulement (les stocks, le crédit client diminué du crédit fournisseur), et tout cela représente de l'argent. Quand l'entreprise grandit parce que son produit plaît, elle a besoin de plus d'investissement. L'activité annuelle se mesure par le chiffre d'affaires, l'investissement se mesure à tout moment par la valeur des usines en état de fonctionnement et du fonds de roulement nécessaire pour apporter le produit au client.

Bruce Henderson a découvert que le rapport entre chiffre d'affaires et investissement (qui a été baptisé rotation d'actif) est une constante pour chaque industrie. Ceci a été vérifié dans des dizaines de milliers d'études sur tous les continents et dans tous les métiers.

L'analyse montre que ce rapport reste par ailleurs inchangé dans le temps. Autrement dit, le taux de croissance de l'investissement est le même que celui du chiffre d'affaires. Cela semble simple une fois mis en évidence, mais encore fallait-il le faire.

Cette découverte est beaucoup plus importante qu'il n'y paraît au premier abord, car elle va permettre de lier résultat et croissance de façon très simple. Définissons d'abord ce qu'est la rentabilité.

Imaginons une entreprise qui n'a pas de dette et qui, à la fin de l'année, dégage un résultat de 15 % de ses ventes après impôts. C'est ce que l'on appelle la marge sur vente ou la profitabilité.

Supposons que, dans cette industrie, il faille 1 euro d'investissement pour obtenir 1 euro de chiffre d'affaires (c'est le cas dans la chimie par exemple). La marge ramenée non plus aux ventes mais à l'investissement sera également de 15 %. C'est ce que l'on appelle la rentabilité.

Prenons une autre industrie, celle des bateaux à voile, dont nous reparlerons plus tard. Dans cette industrie, la rotation est de 2. Avec 1 euro d'investissement, on fait 2 euros de chiffre d'affaires. Un résultat de 15 % après impôts sur vente correspond à une rentabilité de 30 %. Une rentabilité de 15 % est obtenue avec une marge sur chiffre d'affaires de 7,5 % après impôts.

Il est beaucoup plus pertinent de parler de rentabilité que de profitabilité, car l'entrepreneur raisonne par rapport au capital qu'il a mis dans son entreprise pour financer son investissement. Ce qui compte pour lui, ce n'est pas la marge sur vente (profitabilité), c'est cette marge ramenée au capital qu'il a investi (rentabilité).

Ce mode de pensée a une autre vertu essentielle : elle permet de faire un pont entre le résultat et la croissance.

Rentabilité, dividende et croissance

Le troisième apport fondamental de Bruce Henderson a été, en effet, de faire un lien très simple entre rentabilité, dividende et croissance.

Reprenons notre entreprise et ses 15 % de rentabilité. Si l'entrepreneur ne prend pas de dividende, il réinvestit tout dans l'entreprise. Ceci lui permet de faire croître son investissement de 15 % et donc son chiffre d'affaires de 15 % (puisque la rotation d'actif est constante). D'où la règle : en l'absence de dividende, l'entreprise peut croître à la vitesse de sa rentabilité.

Si l'entrepreneur décide un dividende de 50 %, il ne pourra réinvestir que 50 % des 15 % soit 7,5 %. L'entreprise a alors une croissance de 7,5 % seulement.

Si le dividende est de 100 % des profits, l'entreprise ne croît plus[8].

Autrement dit la rentabilité donne une idée de la croissance maximale qu'une entreprise peut avoir, le dividende réglant sa croissance réelle. Le dividende est un élément de la stratégie, puisqu'il définit la vitesse à laquelle les entreprises descendent la courbe d'expérience.

Notons au passage l'avantage déterminant qu'a le *leader* puisque c'est lui qui a le plus d'expérience et donc qui est le plus bas sur la courbe. C'est aussi celui qui a la possibilité de croître le plus vite. Si le *leader* est sensible à la part de marché et conscient de la valeur qu'elle représente pour lui, il sera très difficile à déloger. La part de marché relative est la vraie mesure de la valeur d'une entreprise.

Le lien ainsi évoqué entre dividende et croissance permet aussi de résoudre l'énigme suivante : « Comment des concurrents qui ont des rentabilités différentes coexistent-ils dans une même industrie ? » La réponse est simple : les dividendes distribués jouent le rôle de régulateurs ! Les *leaders* paient des dividendes et croissent néanmoins, les suiveurs ne le peuvent pas s'ils veulent maintenir leur part de marché. Les actionnaires des *leaders* retrouvent leur investissement, tous ceux qui ont investi pour des suiveurs en sont pour leur argent.

Autrement dit, les flux de liquidités (résultat moins réinvestissement) des entreprises qui agissent dans un métier ne sont absolument

---

8. Cf. annexes, T 4.

pas les mêmes. Certains concurrents peuvent payer des dividendes durables, alors que d'autres en sont complètement incapables, et ceci peut durer des décennies[9].

Du dividende au flux

Le flux de liquidités englobe le dividende, mais traite aussi le cas très fréquent où le dividende est négatif.

Nous avons expliqué que la rentabilité mesure la croissance maximale qu'une entreprise peut avoir et que le dividende module la vitesse. Le dividende peut se voir comme le flux qui sort d'une entreprise. La même entreprise peut sortir un flux de 15 % de son investissement si elle ne croît pas. Si elle croît à 7,5 %, elle sort un flux de 7,5 % de son investissement. Si elle croît à 15 %, elle ne sort aucun flux.

En poussant plus loin le raisonnement, on comprend que, si l'actionnaire ne demande pas de dividende et au contraire injecte une somme correspondant à 10 % des actifs, l'entreprise peut avoir une croissance de 25 %.

Le contrôle du flux permet de maîtriser la vitesse de l'entreprise.

On peut aussi analyser la situation d'une entreprise normale qui a une rentabilité de 5 %.

C'est un taux plus habituel que le 15 % de rentabilité observé plutôt chez les entreprises qui sont en bas de la courbe d'expérience. Cette entreprise ne peut pas aller plus vite que 5 %.

Que se passe-t-il si son marché croît de 10 % ? Elle a deux possibilités. La première consiste à payer un tout petit dividende, de 2 % par exemple, mais elle ne peut alors croître que de 3 % (5 % moins 2 %). Elle perd alors des parts de marché, car l'industrie croît plus vite. Elle ne va pas descendre la courbe d'expérience assez vite, et sa rentabilité va chuter inexorablement. Cette entreprise finira mal ou se fera racheter.

L'autre possibilité pour elle est de se battre pour croître de 15 % soit 5 % plus vite que le marché. Pour cela, il faut faire entrer un investisseur capable de réinjecter chaque année 10 % de l'investissement pour

---

9. Cf. annexes, T 5.

que les 10 % injectés de l'extérieur, ajoutés aux 5 % qu'elle génère, lui permettent de croître de 15 % et de retrouver la voie du *leadership*.

Dans ce cas, le rattrapage est possible, mais l'apport de *cash* venant de l'extérieur est indispensable.

Flux dans un métier et entre métiers

Les flux de liquidités déterminent les comportements d'un système concurrentiel. La stratégie est, au fond, l'art de gérer ces flux tout au long du cycle de vie du métier. En général, il est de bonne stratégie de remettre tous les résultats dans l'entreprise jusqu'à ce qu'elle ait une position de *leader* et que son métier voie sa croissance se stabiliser. À ce stade, verser de gros dividendes ne pose plus de problème, c'est même souhaitable sans quoi l'on dépense de précieuses ressources inutilement. Il faut simplement vérifier que les suiveurs n'en profitent pas pour vous rattraper (voir le cas Bénéteau).

Ces flux peuvent aussi passer d'un métier à l'autre à l'intérieur d'une même entreprise qui décide de se diversifier. On parle d'une entreprise qui dispose d'un portefeuille d'activités. Autre formule, les flux peuvent passer d'un métier à un autre en passant par la poche de l'actionnaire qui touche un dividende d'une entreprise, qu'il peut lui-même investir dans de jeunes et prometteuses sociétés.

Inutile de dire que ce flux, qui sort des sociétés mûres et qui est disponible pour le reste de l'économie, a une valeur inestimable. C'est lui et lui seul qui nourrit les « jeunes pousses ». Il y va de l'avenir de l'économie.

On entre alors dans des analyses passionnantes de gestions de portefeuille, elles aussi largement développées par Bruce Henderson et le BCG, qui dépassent largement le cadre de ce livre. Une littérature abondante existe pour ceux qui sont intéressés, les clés pour y entrer figurent dans la bibliographie donnée en fin de volume.

Synthèse

Ainsi, Bruce Henderson a su créer un ensemble conceptuel d'une grande simplicité et d'une grande cohérence. Il a considérablement fait avancer les idées de stratégie d'entreprise. Mieux, il leur a donné un socle conceptuel. Les plus grandes firmes s'en sont largement inspirées depuis quarante années. Vous jugerez si ces idées ne devraient pas faire désormais partie des programmes scolaires !

Pour les entreprises, c'est un apport considérable. Une bonne stratégie est un ingrédient essentiel de la confiance ; elle permet la lisibilité de ce qui se passe, elle réduit considérablement l'incertitude, elle est un ciment entre les collaborateurs.

Ceux-ci sont tout à fait capables de bien la comprendre et de contribuer à sa définition. Il va sans dire que, pour être bien exécutée, une stratégie doit d'abord être bien comprise par tous !

Si une bonne stratégie ne suffit pas, une mauvaise ne se rattrape pas non plus par une bonne exécution. De nos jours, il faut jouer sur les deux tableaux : la confiance est la condition d'une bonne exécution et la stratégie nourrit la confiance.

Bruce, un très grand merci !

PETIT PRÉCIS D'ÉCONOMIE 2 :
LA THÉORIE DES PETITS COCHONS

J'ai fait la connaissance de Philippe Durand-Daguin et de Jacques Roux aux Wagons-Lits quand, en 1986, j'ai pris la responsabilité de la branche restauration collective (Eurest) et de la restauration publique du groupe.

Jacques et Philippe en étaient les deux patrons opérationnels. C'étaient eux qui avaient créé cette activité. Ces années à leur côté ont été un vrai bonheur, même si notre actionnariat compliqué ne nous a pas permis d'aller au bout de nos rêves. Ils ont été mes professeurs, ils m'ont initié à tous les arcanes des métiers du service. Je leur suis infiniment reconnaissant.

La restauration est en effet un métier de service, entièrement tourné vers les clients.

Une entreprise de restauration travaille par contrat avec des clients qui lui confient l'exploitation de leur restauration à travers des contrats de service. C'est elle qui emploie tout le personnel des cuisines, achète les matières premières et facture les repas pour partie aux employeurs et pour partie aux employés qui déjeunent dans les cantines. Les contrats durent de trois mois à trois ans, rarement plus. À la fin de la période, les contrats sont remis en appel d'offres.

Les entreprises de restauration concédées peuvent devenir des entreprises très importantes, car ces métiers emploient beaucoup de monde et ne demandent que très peu d'investissement. Du coup, il est possible de croître très rapidement. Seules limites : la concurrence et la vitesse à laquelle les clients sous-traitent.

Les clients sont des entreprises, des écoles et des hôpitaux.

En 1985, les entreprises que nous dirigions tous les trois livraient plusieurs millions de repas par jour et employaient plusieurs dizaines de milliers de personnes.

On a parfois fait le reproche aux théories du BCG de ne pas s'appliquer aux services sous prétexte qu'en l'absence de produits il est impossible de bâtir une courbe d'expérience.

On se rend compte très vite dans les métiers de service qu'il y a des différences notables de marges entre contrats. On constate aussi que certains concurrents font beaucoup mieux que d'autres en termes de résultat et de croissance. C'est la preuve, par la vie réelle, que les avantages concurrentiels sont une réalité dans ces métiers également.

En fait, la courbe d'expérience est un moyen pédagogique de démontrer l'avantage concurrentiel en matière de produit. La théorie des petits cochons est un moyen de montrer la source de l'avantage concurrentiel en matière de service.

Les petits cochons

Au BCG, à la fin des années 1970, j'avais travaillé pour René Monory alors au ministère des Finances. J'avais notamment planché sur les montants compensatoires payés aux éleveurs de porcs qui exportaient.

Ces montants compensaient le fait qu'on les obligeait à utiliser des matières premières européennes, dont les cours étaient plus élevés que le cours mondial. Le ministère était inquiet de voir ces remboursements monter, car les éleveurs de porcs exportaient.

On voyait aussi se développer des projets de très grandes porcheries industrielles, qui coûtaient très cher et ne marchaient pas.

René Monory nous avait demandé un rapport sur la compétitivité de la filière. J'avais donc étudié l'économie du cochon dans toute l'Europe.

Je me suis vite aperçu que, dans cette industrie, seules trois régions croissaient en Europe : le Danemark, la Hollande et la France, ou plutôt la Bretagne.

L'analyse la plus élémentaire montrait que le taux de croissance des régions en matière de production de petits cochons était directement lié à la densité de cochons au kilomètre carré.

L'explication était très simple, comme pour toutes les choses vraiment importantes.

Les éleveurs de porcs, étant spécialisés, remettaient tous leurs résultats dans leur métier en construisant de nouvelles porcheries. On pouvait en quelque sorte juger de leur résultat à l'aune de leur croissance. La viande de porc étant une commodité, le prix étant le même partout en Europe au centime près, les coûts étaient d'autant plus bas que la croissance était forte. La croissance étant forte là où la densité était élevée, les coûts étaient inversement proportionnels à la densité. Plus la densité était forte plus les coûts étaient bas.

Le pendant de « l'expérience » dans les produits mis en évidence par Bruce Henderson était donc tout simplement la densité géographique dans la région où opérait l'entreprise.

Avec une forte densité géographique, les coûts des petits cochons baissent parce que les usines d'aliments, les abattoirs, sont plus grands, que la technicité des éleveurs est plus élevée, qu'ils sont proches et apprennent les uns des autres. C'est ce que l'on appelle l'effet de « talus ».

Finalement, les écarts de coûts dans un pays comme la France étaient dans un rapport de un à deux entre une région dense et une région moins dense. Les grandes porcheries industrielles étaient installées dans des régions où la densité était faible, et leur échelle de production ne pouvait pas compenser les effets beaucoup plus puissants de la densité. Même en injectant beaucoup d'argent, on créait des outils non compétitifs.

Les restaurants et la théorie des petits cochons

Le même mécanisme était à l'œuvre dans les cantines. Une plus forte densité de restaurants permettait à l'entreprise qui les gérait d'avoir une logistique alimentaire plus dense et donc moins chère que celle de ses concurrents.

La technicité était bien meilleure, car les techniciens pouvaient circuler entre plusieurs installations dans la même journée. L'effet se ressentait immédiatement sur le coût de production. Nous pouvions vendre moins cher, avoir plus de résultat au prix de marché ou « mettre des produits de meilleure qualité dans les assiettes », ce qui était notre politique.

La densité était également un atout commercial. En effet, le bouche à oreille entre clients fonctionnait parfaitement en région dense. Eurest avait une très bonne réputation, et nos clients étaient nos meilleurs vendeurs. Dès que nous avions atteint une certaine densité de restaurants, la conquête de nouveaux contrats s'avérait beaucoup plus facile et ce, que ce soit avec des restaurants d'entreprise, d'école ou d'hôpital.

Nos concurrents cherchaient à se positionner chacun en champions produit (école, hôpital, etc.) alors que nous prenions systématiquement le rôle du régional de l'étape. Cela marchait très bien !

Pour bien faire comprendre la valeur de la densité, qui n'était pas une notion intuitive et qu'il a fallu expliquer à des milliers de gens, nous avions popularisé la stratégie dite « des petits cochons ». C'était drôle et tout le monde comprenait.

La stratégie consistait donc pour nous à avoir des densités de restaurants plus fortes que la concurrence. Eurest était traditionnellement très performant à Paris, c'est en effet à la Défense qu'Eurest avait démarré. C'était notre région la plus rentable. Il restait à démontrer que la stratégie n'était pas qu'un enjeu théorique, qu'il fallait aussi la mettre en œuvre.

Pour démontrer à toutes les équipes la valeur de la concentration géographique, nous avions décidé de conquérir tous les restaurants de l'île de la Cité, le cœur historique de Paris. C'était une preuve absolue du bien-fondé de nos intentions, mais aussi un formidable moyen de communiquer auprès de nos clients et de nos équipes.

Ce furent des batailles homériques avec nos concurrents. Nous avons commencé par l'Hôtel-Dieu, nous poursuivîmes par le Palais de Justice et la préfecture de police. Le point d'orgue fut certainement le contrat remporté auprès de l'Archevêché. Nous ne pouvions avoir de meilleure bénédiction de notre stratégie.

PETIT PRÉCIS D'ÉCONOMIE 3 : POUR COMPRENDRE LE MONDE QUI VIENT

Les concepts de *catallaxia* et de « destruction créatrice » devraient permettre aux Français et aux Européens de mieux interpréter les événements des années à venir.

Il est utile et urgent de comprendre, grâce à ces idées, que le marché, si facilement décrié, est en fait une mécanique très sophistiquée qui obéit à un ordre naturel. Il y a certes eu des dérèglements, mais cela ne mérite pas que l'on jette le bébé avec l'eau du bain.

La *catallaxia* décrit l'économie de façon très concrète et permet d'expliquer pourquoi on voit au même moment des gens dans une situation difficile et des gens confiants. Cette différence d'attitude s'explique bien souvent par la dynamique du secteur de l'économie dans lequel ils travaillent.

En Europe, les changements de mœurs et de goûts coïncidant avec une période de profondes transformations technologiques, notre économie va devoir se réinventer en profondeur. Il ne faudra pas attendre dans les quinze ans qui viennent de forte croissance dans les pays mûrs. On observera en revanche d'immenses différentiels de croissance entre des secteurs vieillissants et des secteurs plus jeunes. Ces transformations, conformes au concept de destruction créatrice vont demander à nos concitoyens beaucoup plus de flexibilité que d'habitude. Il faudra notamment que nombre d'entre eux changent d'entreprise. Parallèlement, l'investissement devra être considérablement réorienté.

L'économie d'un pays ne se réduit pas à son seul PIB et à sa croissance. Une économie est en fait composée d'une centaine de milliers de créneaux – c'est l'ordre de grandeur le plus probable – qui montent, stagnent ou décroissent. Métier et créneau sont deux noms donnés à la même réalité (le concept de métier a été décrit dans le chapitre précédent). Dans les pays occidentaux, la croissance sera probablement faible. Il n'empêche que tout le monde va devoir bouger, car chacun sera dans un métier qui croîtra ou dans un métier qui décroîtra.

Trois auteurs relativement peu connus du grand public peuvent nous permettre de faire le lien entre le PIB et la vie des entreprises.

Il s'agit de Hayek, qui a introduit l'idée de *catallaxia* (les économies modernes ne sont pas monolithiques, elles sont au contraire constituées de centaines de milliers de métiers ou créneaux) ; de Schumpeter, qui a popularisé la notion de « destruction créatrice » entre métiers et de Bruce Henderson dont nous venons de parler, qui a permis de mieux comprendre à la fois la nature des équilibres entre entreprises à l'intérieur d'un métier et les flux financiers échangés entre les différents métiers.

La catallaxia de Hayek

J'ai toujours été surpris par le peu d'importance que la science économique porte au très grand nombre d'entreprises constituant une économie moderne. Pourtant ce très grand nombre a une signification profonde.

A-t-on seulement réfléchi une seconde à la raison pour laquelle il y avait, rien qu'en France, deux millions et demi d'entreprises ? Ce chiffre comprend toutes les entreprises, même les entreprises individuelles. Si l'on se concentre sur celles qui ont plus de dix employés, on en trouve 500 000. Cela reste un chiffre énorme !

Les économies modernes fournissent en fait une immense étendue de produits et de services, et nous n'y prêtons pas assez attention tellement cela nous semble normal. En arrivant au bureau, le matin, avant de commencer à travailler, on a déjà utilisé les produits et les services de dizaines de milliers d'entreprises : on s'est lavé (matériel sanitaire, industrie cosmétique) ; on a peut-être pris un médicament (industrie pharmaceutique) ; on a pris son petit-déjeuner (agroalimentaire) en écoutant la radio ou en lisant son journal (médias) ; on est allé au bureau en voiture, train ou métro (transports) ; on a vérifié l'heure (horlogerie). Toutes les assurances du monde ont veillé sur vous. On a aussi fait un retrait d'argent au distributeur, et j'en passe... Sans compter que je ne décris là que la sphère privée car, du côté de la sphère publique, l'État a veillé à notre sécurité, les transports publics nous ont véhiculés, etc. Autrement dit, une économie moderne est un mécanisme infiniment plus diversifié et précis qu'on le croit et devant lequel on ne s'émerveille pas assez.

Imaginez une seconde pourtant les trésors d'organisation et d'énergie déployés pour alimenter une ville comme Paris en produits frais, tout ce que cela suppose en termes de système d'information, de logistique, de stockage, de marquage. Ce sont des mécanismes très subtils et bien huilés. Il y a assez rarement de pénuries alimentaires (elles feraient vite la une des journaux !). Vu nos exigences de consommateurs, c'est la preuve que nous avons là un système complexe extrêmement bien rodé.

Pour donner une idée du nombre des créneaux, disons qu'à raison de cinq concurrents par créneau, 500 000 divisés par cinq, cela fait 100 000 créneaux pour une économie comme la nôtre.

Ces créneaux ont chacun leur dynamique propre. Ils sont en croissance, en décroissance ou ils sont stables. Une économie moderne, c'est un champ de fleurs avec son extraordinaire variété d'herbes, de plantes, d'insectes, de terreau avec de la matière organique et minérale, de vers de terre et d'innombrables bactéries. On voit surtout l'herbe et les fleurs, mais celles-ci ont besoin de nombreux fournisseurs (terreau, insectes) que l'on voit moins. Ils sont tout aussi essentiels ! Sans eux, la prairie disparaît.

Le consommateur, par ses choix quotidiens pour les produits de consommation, ses choix pluriannuels pour ses équipements, est le vrai maître du jeu. C'est lui qui décide des cycles de vie de chaque produit. Il a sur eux un pouvoir de vie et de mort (croissance ou décroissance).

C'est une responsabilité que l'on mesure mal lorsque l'on passe à la caisse de son supermarché. C'est pourtant nous, par nos choix, qui rythmons quotidiennement la vie des entreprises.

C'est cette explosion que les économies dirigées ont été incapables de gérer et qui explique en dernier ressort la chute du mur de Berlin. Dans le même ordre d'idées, une politique industrielle est très complexe dans une économie où il y a tant de secteurs. Lesquels choisir et pourquoi ?

La question que l'on se pose généralement est : comment se gère cette extraordinaire complexité ?

Est-ce le chaos ? Faut-il laisser faire ou faut-il que l'État reprenne la main ? Comment s'explique ce qui se passe entre les entreprises à l'intérieur d'un créneau et comment comprendre les évolutions des différents créneaux les uns par rapport aux autres ?

Pour cela, il faut saisir deux idées simples : l'une concerne l'équilibre, l'autre le mouvement.

L'équilibre dans un créneau

Au début de la vie d'un créneau, on trouve toujours une multitude de petits concurrents, aucun ne prend le dessus, ils croissent très vite, les *leaders* ne restent jamais en tête très longtemps parce que, quand un marché croît vite, les parts de marché sont très fluides. Ceci dure tant que la croissance est très forte (au-dessus de 10 %). Ensuite, quand la croissance commence à retomber, on voit presque toujours un classement s'établir, qui, en général, tient très longtemps. On trouve alors un *leader*, quelques suiveurs et des petits concurrents.

Le *leader* a généralement deux fois la taille du numéro deux et est beaucoup plus rentable (15 % contre 5 %), les numéros trois, quatre et cinq sont souvent deux fois plus petits que le numéro deux et gagnent, eux, très peu d'argent – ils restent d'ailleurs rarement indépendants très longtemps.

Ces schémas de parts de marché varient évidemment suivant les situations et ne s'observent qu'au bout d'un certain temps. C'est un peu comme dans une course de vélo : au début le peloton est groupé, et c'est au bout de l'étape que les meilleurs se détachent.

Observez un aquarium dans lequel les poissons sont là depuis longtemps. Vous allez y trouver le même phénomène. Vous verrez un gros poisson, plusieurs moyens, beaucoup de petits.

Schumpeter ou le mouvement

Si au bout d'un certain temps on observe un équilibre entre concurrents dans un créneau, c'est que la croissance est retombée et, à ce moment, le créneau risque la substitution par un autre créneau. En effet, comme la croissance est faible, les gains de productivité s'atténuent, les prix ne peuvent plus baisser parce que les coûts ne baissent plus. C'est le moment idéal pour que de nouvelles offres pointent leur nez. L'équilibre dans le créneau est relativement stable, mais c'est le créneau qui entre, lui, en situation précaire (chandelles/bulbes, diligence/voiture, machine à écrire/traitement de texte informatique, acier/chimie ; chasse, pêche/élevage ; téléphone fixe/portable).

Il peut aussi y avoir des arbitrages financiers entre produits de consommation complètement différents. C'est ainsi que la généralisation des forfaits pour téléphones mobiles semblerait avoir conduit à une baisse de la consommation de fromage en France. Le salaire n'est en effet pas extensible, et les dépenses ne peuvent s'ajouter les unes aux autres à l'infini.

Ce sont à la fois les évolutions des goûts et l'arrivée de nouvelles technologies qui amènent de nouveaux produits et tous ces arbitrages. Tout cela est très difficile à prévoir, mais le consommateur en est le maître. On entre alors dans ce que Schumpeter a parfaitement décrit, à savoir la « destruction créatrice ». Il y a toujours du neuf derrière la destruction.

La grande question non résolue par Schumpeter est de savoir comment se financent les nouveaux créneaux. C'est là qu'intervient un mécanisme mis en évidence par le BCG : le flux net de liquidités.

Bruce Henderson et la description précise des flux

Pour bien comprendre le mécanisme des flux, il faut avoir à l'esprit ce qu'est l'actif d'une entreprise (voir « Petit précis d'économie 1 »).

La demande d'investissement se mesure dès lors par un chiffre très simple : l'actif multiplié par la croissance. Dans une industrie légère, pour faire 100 millions de chiffre d'affaires, il faut 50 millions d'actif (constitué par le capital industriel, le stock et le fonds de roulement). Il va de soi que, si l'industrie croît de 10 % par an, le chiffre d'affaires augmente de 10 millions et qu'il faut que l'investissement augmente de 5. Autre façon de calculer : l'actif est de 50, l'industrie croît de 10 % par an, il faut financer chaque année 10 % de 50, soit 5.

Les « jeunes pousses » ont besoin de beaucoup plus d'argent que ce qu'elles génèrent. Les observateurs qui ne sont pas de la partie sous-estiment l'importance des besoins de financement. En pratique, les nouveaux métiers vont croître de 20 ou 25 %. Chaque année, il leur faut faire grimper leurs actifs de 20 à 25 %. Ils ne peuvent avoir, sauf cas exceptionnel, du fait de la concurrence, une rentabilité suffisante pour autofinancer leur croissance. Le *leader* d'un marché en forte croissance (25 %) qui aura une rentabilité de 15 % sur actif, mais qui croît de 25 %, aura un flux négatif de - 10 % (15 % moins 25 %). Quand aux suiveurs qui ne gagnent pas d'argent, ils peuvent avoir besoin de réinjections de 25 % de leurs actifs tous les ans, ce qui est considérable ! Il leur faut trouver des vaches à lait pour les financer !

Cet argent, d'où vient-il dans une économie de marché ? Il ne vient pas du Ciel ni de l'État. Il vient des secteurs qui se font substituer, c'est-à-dire des secteurs mûrs ! Ces secteurs ont des croissances faibles, ils n'ont que peu de réinvestissement à faire, ils peuvent donc extraire des liquidités de leurs entreprises sans risquer de perdre de part de marché.

Prenons un secteur mûr : il croît peu, disons de 2 %. Comme il est ancien, il est concentré, on est dans le cas du bocal de poissons rouges. Admettons qu'il y ait un *leader* dont la taille est deux fois celle du suiveur, lui-même deux fois plus gros que trois petites sociétés. Le *leader* aura une rentabilité de 15 %, le suiveur de 5 % et les petits concurrents de 2 %. En termes de liquidités, de dividendes, le *leader* distribuera 15 % moins 2 % soit 13 % de ses actifs ; le deuxième 5 % moins 2 % soit 3 % ; les tout petits ne distribueront rien. Faites le calcul, le *leader*, par sa taille et sa plus forte génération de liquidités, générera 90 % du flux de toute l'industrie ! Cette génération peut se faire au sein de l'entreprise et être allouée aux activités de croissance de l'entreprise, ou bien alors, par des versements de dividendes, elles permettent aux actionnaires d'investir eux-mêmes dans des activités nouvelles. On sous-estime toujours les *leaders* dans leur contribution au financement de l'économie.

Il faut laisser les concentrations s'opérer, les *leaders* des métiers mûrs sont les bienfaiteurs des secteurs en croissance, le *cash* vient d'eux : les dividendes sont un bien nécessaire à l'économie, il ne faut pas les

« diaboliser ». Toute l'économie se tient. Les grosses sociétés stables sont les amies des petites qui croissent à toute vitesse.

Les *leaders* ont donc un rôle essentiel en matière de financement. Leur capacité de financement est beaucoup plus importante que leur taille ne le montre. Il faut donc les choyer.

Ce sont eux seuls qui permettent d'extraire le *cash* disponible dans les secteurs mûrs et de faire ainsi croître toute l'économie. Il ne faut donc craindre ni les *leaders* forts ni leurs dividendes. Il ne faut surtout pas les empêcher d'émerger, ils sont nécessaires à la santé d'une économie. Sans eux, une économie croîtra beaucoup moins vite, car les jeunes créneaux manqueront du *cash* nécessaire pour suivre leur croissance.

Les personnes

Le même mécanisme concerne les personnes qui doivent pour certaines passer d'un secteur à l'autre. Dès qu'un secteur décroît, un autre croît ailleurs (la destruction est créatrice !). À chaque emploi perdu quelque part correspond un emploi créé ailleurs. On ne l'explique pas assez. Malheureusement, on ne montre que ce qui décroît et les usines qui ferment ! Il est évidemment plus simple de pointer ce qui décroît parce que ce sont de grosses sociétés en fin de cycle de vie et bien visibles alors que les activités qui démarrent sont petites, plus nombreuses et reparties partout sur le territoire. Donc on ne les voit pas ! La forêt qui brûle ou qui est détruite par un ouragan est plus spectaculaire que le blé qui pousse. C'est toujours le même scénario. L'exception devient la règle.

Les dégâts sur l'opinion sont immenses : on montre les secteurs qui décroissent sans montrer ceux qui s'y substituent alors que, les gens n'étant pas idiots, expliquer bien le mécanisme favoriserait grandement la mobilité.

En deux mots

Il serait important de populariser les idées de *catallaxia* et de « destruction créatrice ».

L'économie est infiniment plus variée que l'on croit (et dans ce chapitre nous n'avons pas expliqué la variété supplémentaire créée par la mondialisation !). Cette variété ne conduit pas au désordre. Le phénomène de la concurrence est la traduction de la liberté et permet qu'un équilibre règne dans chaque créneau.

Chaque métier a sa vie, et la concentration est un phénomène naturel. L'évolution des goûts et les inventions modifient constamment l'équilibre entre les métiers. Là encore, un mécanisme subtil, celui du dividende, se met en marche, lui aussi naturellement, et permet de transférer les liquidités générées par les secteurs mûrs vers les secteurs en forte croissance nécessairement en demande de liquidités.

Ces mécanismes de marché méritent d'être expliqués (on entend encore trop les gens dire : « Le marché, c'est le désordre ! C'est n'importe quoi ! »), car les comprendre, c'est assurément pouvoir vivre intelligemment les temps qui nous attendent.

PARTIE IV

FINANCE : ENTRE LA FOLLE ET LA BONNE

LES DÉGÂTS DE LA FINANCE
À COURT TERME

« Monsieur Fontanet, je voudrais vous voir, nous avons une belle affaire à vous proposer »

Ce type de proposition nous a été fait plusieurs fois. Le directeur d'une grosse banque internationale nous demande rendez-vous en évoquant des opportunités intéressantes. Il connaît très bien notre entreprise ou, plus précisément, ses chiffres.

Avenant, direct, tonique au téléphone. On ne sait pas très bien ce qu'il veut. Faut-il le repousser ? L'écouter ? Après tout, il peut très bien proposer la vente d'un concurrent, il faut donc le recevoir. C'est une sorte de devoir de veille concurrentielle.

Dans ce cas, nous y allons toujours à deux avec Philippe Alfroid, DG. C'est ainsi que nous sommes plus forts. Une personne très connue a observé un jour fort justement : « Chez Essilor, ils chassent en meute ! »

La conversation commence effectivement par l'évocation de la possibilité de racheter une société qui a une activité proche de notre métier. En un mot, il y a une référence optique dans le nom du groupe en vente.

Comme nous sommes, chez Essilor, très spécialisés dans l'optique ophtalmique, nous voyons tout de suite que ce n'est pas notre créneau, et la conversation tourne court.

Au passage, l'interlocuteur parle de gens proches en les appelant par leurs prénoms pour montrer l'étendue de ses relations. Il glisse parfois les noms – ou les prénoms ! – de ministres. Cette tactique ne marche pas du tout avec moi. Je me dis par ailleurs qu'il va parler ensuite de moi sur le même mode, comme si nous étions intimes. C'est pour cela que je me méfie des gens trop vite familiers ! Mais enfin, nous sommes en situation de travail, nous devons continuer à écouter.

Vient la flatterie. Je déteste ! Quand on aime la vérité, on apprend à se méfier de cette démarche bien peu subtile. « Nous vous observons, Philippe et vous, depuis longtemps. Quel parcours magnifique ! Nous avons pour vous une grande admiration, vous comptez parmi les plus belles sociétés européennes. »

Puis les choses deviennent plus concrètes.

« Nous voudrions participer à votre projet. Nous pouvons par exemple vous aider à sortir de Bourse. Vous savez, une fois sorti, il y a des tas de choses que l'on peut faire. Nous avons des investisseurs qui misent sur le long terme et peuvent vous permettre des stratégies audacieuses à la hauteur de votre vrai talent. » Et de citer quelques sorties de bourse réussies sans entrer dans le fond de ces manœuvres dont les résultats sont en fait très contrastés. « La Bourse, qui regarde les résultats à court terme, vous impose des contraintes… Nous vous en affranchirons… Et puis nous pouvons vous permettre de gagner beaucoup d'argent, car nous allons vous associer au capital et là, vraiment… »

On nous a fait le coup plusieurs fois, la flatterie, la promesse de richesse… Et la réponse que nous avons toujours faite est la suivante : « Nous sommes bien comme cela, nous n'avons pas besoin d'être plus riches. Ce qui compte pour nous, c'est notre famille, nos amis, notre entreprise et sa bonne ambiance de travail. Mais, au fait, comment vous y prenez-vous pour sortir de la bourse ? Pouvez-vous être plus concrets ? Pouvez-vous nous mettre quelques chiffres sur un dos d'enveloppe ? Nous ne sommes pas des financiers, mais la base de votre raisonnement, on peut la comprendre. Nous avons de petits doutes, mais… expliquez-nous ! »

La technique, en termes très simples, consiste à créer une *holding* à fort effet de levier qui s'accompagnerait d'une sortie de bourse. Comme il y a peu de capital, il est facile de donner de grosses parts aux dirigeants. Une fois la dette remboursée, les investisseurs sont très riches. Le seul *hic*, c'est précisément la dette et son remboursement.

« Soyons concrets. Une sortie de bourse demanderait de coter 30 % au-dessus du cours, donc il faudrait sortir 13 milliards d'euros et ainsi endetter la maison de la même somme. Ceci ferait environ

600 millions d'euros d'intérêts annuels. Ce ne serait pas bien loin de notre résultat de 700 millions d'euros. Il resterait, après remboursement des intérêts de la dette, 100 millions pour rembourser la dette elle-même... pendant cent trente ans si nous calculons bien (13 milliards divisés par 100 millions font 130) ! Le calcul est grossier, mais il s'agit bien de ces ordres de grandeur. Cela nous semble un peu long votre histoire...

– Mais vous n'avez pas compris, reprend l'interlocuteur, vous pouvez vendre des actifs ou une division moins stratégique.

– Cher ami, ce n'est pas évident. Nous ne fabriquons qu'un type de produit, et nos divisions machines sont centrales dans notre stratégie.

– Vous pouvez sûrement monter les prix de certains produits...

– Si vous connaissiez bien l'industrie, vous sauriez qu'elle est extrêmement concurrentielle, vous verriez que bouger de la sorte l'équilibre se paie immédiatement par de rapides pertes de parts de marché. D'ailleurs, les concurrents qui ont fait des LBO utilisant trop la dette et qui ont dû, de ce fait, monter leurs prix, ont énormément perdu de parts de marché. Ils sont en mauvaise posture actuellement à cause précisément de ce type de stratégies.

– Nous avons dans notre groupe d'investisseurs de grands spécialistes de *management*. Si vous nous rejoignez, ils pourront vous aider à baisser très significativement les coûts. »

Ils citent quelques noms.

Ce sur quoi nous répondons tout de suite :

« Vous savez, nous sommes constamment obligés de peigner très fin toutes nos dépenses, nous sommes en concurrence avec des Américains, des Allemands, des Japonais et aussi des Coréens, des Chinois, qui ne sont pas les moindres de nos adversaires. Nous passons notre temps à baisser les coûts. Les consultants dont vous nous parlez sont justement en train de travailler chez nous en ce moment ; nous ne sommes pas sûrs que d'autres consultants feraient mieux... et puis... nous sommes très patients, mais cent trente ans, c'est long. Au fait, peut-on en sortir plus vite ? »

– Oui, bien sûr !

– Comment procéderiez-vous ?

– On retournerait en bourse ! »

Tout simplement... !

Nous continuons :

« Ce n'est pas nous qu'il faut convaincre, ce sont les 5 000 associés de Valoptec. Nous, l'équipe de *management*, nous ne sommes rien, ce sont eux qui décident et, si vous leur parlez comme cela, je ne suis pas sûr que vous allez faire un tabac ! »

C'est l'argument clé. Ils voient qu'ils ont affaire à une drôle d'entreprise et leur moral en prend un coup. Pas très grave, ce sont des gens très costauds qui ne sont pas à une audace près.

Nous nous quittons en bons termes.

« Merci de votre intérêt. Vous avez très bien fait de venir nous voir. Dans notre cas, nous ne sommes pas sûrs que votre idée marche, mais vous savez, nous sommes une industrie spéciale. L'idée de charger d'une telle dette, pour longtemps, une entreprise en pleine bataille concurrentielle est à nos yeux une idée extrêmement dangereuse. Nous ne voudrions pas, Philippe et moi, rester dans l'histoire d'Essilor comme les dirigeants qui auraient détruit l'entreprise pour des raisons personnelles (il devrait être clair à chacun qu'un LBO charge l'entreprise de la dette qui sert à substituer les actionnaires ; cette dette c'est l'entreprise qui la rembourse en freinant ses investissements quoi qu'on en dise : un LBO sur une entreprise bien gérée et bien valorisée n'est pas seulement stupide, c'est un coup mortel qui peut lui être porté). Si nous suivons votre idée, c'est la perte de parts de marché assurée et un risque de fragilisation, car nos concurrents les plus forts ne nous louperaient pas. Quelqu'un sera là, un peu plus tard, pour nous livrer entre des mains adverses. Nous sommes attachés à l'entreprise Essilor, nous l'aimons comme elle est. Nous vous remercions beaucoup, mais il est plus sage que nous en restions là. »

Ce genre de discussions entre finance et *management* a été très fréquent pendant une dizaine d'années. Loin de moi l'idée de rejeter en bloc tous les LBO ! Beaucoup se sont bien passés, car les leviers financiers ont été bien calculés. Mais les excès ont aussi été nombreux. La crise, qui n'était pas intégrée dans les prévisions, en a détruit beaucoup.

Les leviers purement financiers sont des moyens de gagner en cinq ans ce qui normalement en demanderait quinze. Mais, quoi qu'on en dise, ces stratagèmes présentent d'énormes risques. Pour nous, le temps ne s'achète pas : on peut acheter l'espace, le temps certainement pas. Le temps se venge de tout ce qu'on fait contre lui, me disait un très bon ami, PDG d'une entreprise du CAC 40 qui pense comme nous.

« Xavier, je quitte ABC. Je vous expliquerai plus tard »

G. était un des patrons les plus brillants que j'ai connus dans l'optique. Il dirigeait depuis trois ans un de nos concurrents : ABC. Il avait une énergie hors du commun.

Il avait été débauché d'un très grand groupe mondial, probablement attiré par le titre de PDG qu'il n'avait pas comme patron de branche.

Il pensait être son propre patron. Cela a été le cas, le temps de trois budgets seulement.

Notre concurrent ABC avait, à vrai dire, profondément changé depuis l'arrivée d'un fonds prestigieux dans son capital.

Le fonds avait repéré notre industrie. Il avait probablement jugé que notre métier était bon. Il y a les « bons » et les « mauvais » métiers. Les bons sont ceux où il y a de la marge, et les mauvais, ceux où il n'y en a pas. C'est très simple. L'analyse se fondait sur nos résultats. Pourquoi ne pas faire aussi bien qu'Essilor ? G. avait rejoint ABC comme président dans le cadre d'un LBO analogue à celui que l'on nous avait proposé : création d'une *holding* très endettée avec l'ancien actionnaire et le *top management*. Il avait trouvé un financier qui fournissait les fonds et détenait la moitié de la *holding*.

Il y avait une faille dans cette stratégie : la dette. Nous le savions. Tout ce beau montage reposait finalement sur un levier énorme, moins important que ce qu'on expliquait dans l'anecdote précédente, mais quand même trop pour être pérenne. La dette coûtait 5 à 6 % de frais financiers à la charge bien évidemment de l'entreprise. Après le paiement des intérêts, l'ensemble du système *holding* plus ABC était probablement tout juste à l'équilibre. L'équilibre après frais financiers était justement la philosophie : charger de dette pour mettre le résultat tout juste à zéro. Cela permet de mettre le minimum d'argent frais. Le groupe, dans l'esprit des investisseurs, devait évidemment atteindre rapidement le résultat d'Essilor grâce à un *management* qui avait fait ses preuves dans une industrie beaucoup plus grosse et grâce aux techniques du fonds. Dès que ce but serait atteint, l'entreprise pourrait être revendue et la dette remboursée.

Bien sûr, mais... que pouvait faire G. contre les cinq cents ans d'expérience cumulée du comité exécutif d'Essilor ? G. était certainement plus fort, plus travailleur, plus talentueux, plus courageux, meilleur *businessman* que chacun d'entre nous. Mais que pouvait-il faire contre nous tous, surtout dans un métier complexe comme le nôtre ?

Dès que le fonds est arrivé, les piliers de l'entreprise – pas le *management*, les gens situés en dessous – sont partis en retraite. Ce n'était pas un drame à court terme puisque cela baissait les coûts. Mais la perte de savoir-faire était inestimable !

Sur la durée, les résultats d'ABC ne se sont évidemment pas arrangés, et le fonds s'est impatienté. Comme le remboursement de la dette était la priorité, ABC n'a pas investi dans les nouvelles technologies apparues à ce moment-là. Puis la crise est arrivée. Les actionnaires du fonds ne pouvaient plus attendre. G. vient d'en faire les frais !

L'erreur d'analyse fut d'avoir considéré que la réussite est une simple affaire de gestion. C'est sous-estimer l'extraordinaire complexité de notre industrie où, pour grandir, il faut déjà être dans une position que seules peuvent apporter la part de marché et l'expérience.

Les transferts de savoir-faire d'une industrie à une autre sont loin d'être aisés. Enfin et surtout, il faut du temps pour faire les choses. Trois, cinq ans, ce n'est rien dans notre industrie. Le bon horizon, c'est quinze à vingt ans !

G. a été victime de cette logique à court terme. Sa carrière et sa réputation ont été injustement affectées par cette mésaventure. Certains de nos cadres ont parfois cédé à l'attrait des ponts d'or que G. leur avait proposés. Nous n'avons jamais voulu surenchérir malgré la perte évidente de savoirs et de compétences que pouvait engendrer ce genre de situations. Quelques années après, ces cadres ont regretté de s'être laissé griser, car ces expériences sont malheureusement trop souvent de très courte durée.

C'est regrettable aussi pour la profession, qui a vu se réduire un centre de recherche et développement puissant et la créativité d'une entreprise qui naguère lançait beaucoup de produits de très haute qualité. Cette finance à court terme fait des dégâts terribles, bien plus profonds qu'on ne le croit.

Pour accomplir de grandes choses, il faut aux entreprises des stratégies solides et de longue haleine, des actionnaires stables et des PDG stables. Je crois que l'on commence à le comprendre petit à petit, mais il faudra encore bien des dégâts pour que l'on en tire les bonnes conclusions.

La route est longue

La route est longue, prenons un rythme que nous allons pouvoir tenir longtemps. La finance durable.

Nous avons toujours cherché – et à peu près réussi ! – à assurer la cohérence entre la politique financière (dividende, endettement) et la stratégie (gain, maintien ou perte de parts de marché).

Notre marché de l'optique ophtalmique croît à peu près de 3,5 % par an, c'est sa vitesse historique. Nous ne sommes absolument pas dans un secteur en croissance, notre métier est ancien. Cependant, nous avons toujours voulu croître plus vite que le marché. Trois fois plus vite, soit 10-11 %. Pourquoi ?

Parce que nous savons que la part de marché a une énorme valeur et que les concurrents qui ont de bonnes parts de marché ont des coûts plus bas que les autres. Ils sont donc, de ce fait, normalement plus rentables.

La valeur de la part de marché se vérifie dans pratiquement toutes les industries. Gagner des parts de marché, petit à petit, année après année, comme nous le faisons, sécurise l'entreprise, ses employés et les investisseurs.

Depuis une dizaine d'années, nous avons réussi à avoir à peu près 17,5 % de rentabilité sur capitaux. Nous payons un tiers des bénéfices en dividendes et réinvestissons deux tiers de nos résultats dans l'entreprise (deux tiers de 17,5 font à peu près 11 % qui sont notre croissance historique sur vingt ans). La boucle est donc bouclée.

Nous sommes comme un marathonien qui peut courir à 10-11 % par an avec une finance de marathonien. Nous ne cherchons pas à produire du levier financier, notre vitesse nous suffit. Ce que nous voulons, c'est courir longtemps.

Nous pourrions essayer d'aller plus vite, à quoi bon ? Nous pourrions nous amuser à jouer avec le bilan, il n'en est pas question.

On ne badine pas avec le travail de dizaines de milliers de personnes durant des décennies.

Allons-nous changer ? Ce n'est pas nécessaire ! Nous savons qu'avec l'arrivée de la Chine, de l'Inde, de l'Amérique latine et un jour de l'Afrique le marché va croître encore pendant très longtemps.

LA BOURSE

Le chemin fait avec Saint-Gobain et le financement de sa sortie

Début du mois de mai 2000. Coup de téléphone de Jean-Louis Beffa, PDG de Saint-Gobain, qui m'annonce que Saint-Gobain veut sortir d'Essilor. Son souhait est de boucler l'affaire d'ici à la fin de l'année. On ne peut pas dire que j'ai été surpris. Nous nous en doutions depuis quelque temps. Mais, quand le moment arrive, on comprend que c'est la fin d'une période.

Le groupe était entré dans le capital d'Essilor – à la demande d'Essilor – en 1987. Le taux de contrôle de Valoptec, association des actionnaires salariés, commençait à chuter. Le départ ou le décès des anciens, qui étaient de gros détenteurs de parts et qui avaient des droits de succession à payer, en était la cause première.

Valoptec avait toujours privilégié des politiques de croissance. La base actionnariale, qui était française à l'époque, ne pouvait pas suivre l'entreprise qui prenait son envol international.

Difficile de garder sa part de capital dans ces conditions. Certaines de nos entreprises concurrentes, qui étaient des affaires familiales, n'avaient pas voulu diluer leur capital et n'avaient pas suivi Essilor dans sa conquête du monde.

Nous n'avions plus le contrôle, mais nous étions *leaders*. Ils avaient le contrôle, mais étaient devenus nos suiveurs.

Pendant cette période, Saint-Gobain avait accompagné Essilor. L'idée avait été de les faire entrer dans Valoptec pour assurer les liquidités de ceux qui voulaient sortir de l'argent. Nous les invitions aussi à acheter des actions Essilor sur le marché pour mettre Essilor à l'abri d'une éventuelle OPA.

Saint-Gobain a ainsi été associé de près à la gouvernance. Nous avons énormément appris au cours de cette période, et Saint-Gobain nous a accompagnés dans tous nos investissements.

En 2000, Saint-Gobain, qui s'était beaucoup développé également dans le bâtiment, a eu la possibilité d'y faire de très gros investissements. Il était donc assez logique qu'ils choisissent leur voie : ils ont décidé de sortir. De leur point de vue, cela était cohérent, car le secteur du bâtiment est beaucoup plus vaste et donc adapté à Saint-Gobain que notre petit secteur très spécialisé. Comme Saint-Gobain possédait près de 33 % d'Essilor – équivalant à peu près à 1 milliard d'euros, soit plus que nos capitaux propres de l'époque ! –, il nous fallait trouver rapidement une solution pour les remplacer.

Certains nous ont à l'époque proposé de sortir Essilor de la Bourse, mais cela demandait d'endetter considérablement la maison au moment où de gros investissements en Asie étaient nécessaires (à l'époque cela aurait été le plus gros LBO sur le marché parisien !). De toute façon, la concurrence était trop intense pour charger l'entreprise d'une telle dette. Nous ne l'avons donc pas fait.

La solution finalement trouvée a consisté à racheter nous-mêmes (pour les détruire) 7 % des actions et à organiser la vente du reste des actions sur le marché. La construction était simple et géniale ! Elle a permis à Saint-Gobain d'avoir des liquidités et à Essilor de ne pas faire entrer de nouveaux partenaires. Nous réduisions le nombre d'actions, donc l'action devait monter. La dette que nous contractions était largement soutenable pour Essilor, elle a d'ailleurs été remboursée en cinq ans. Le seul risque que nous avons pris a été de freiner nos investissements pendant trois à quatre ans et d'accepter de ne plus avoir de contrôle sur la société puisque le premier actionnaire Valoptec ne détenait que 15 % des droits de vote. Pour éviter de nous faire reprendre, notre stratégie consistait dès lors à viser une plus forte rentabilité qui devait nous rendre trop cher pour tout prédateur. C'est d'ailleurs ce que nous suggérait le marché financier. Nous avons jugé que notre situation concurrentielle nous le permettait et nous avons foncé. Après tout, si on aimait la liberté que nous procurait cette nouvelle configuration de capital, il fallait accepter de jouer à fond le pari de l'efficacité opérationnelle.

Le marché a adoré l'opération, car nous devenions ce que l'on appelle un *pure player*, une société spécialisée avec un actionnariat simple et clair. Il nous a crédités, six mois plus tard, une fois constaté que nos premiers résultats après l'opération étaient bons, d'une forte hausse de la capitalisation, ce qui rendait l'OPA encore bien plus difficile.

Le *management*, en l'occurrence Philippe Alfroid, le DG du groupe et moi-même, s'est engagé auprès du marché à monter la rentabilité. Pendant trois ans, nous avons effectivement mis l'accent sur une remise à plat de tous les coûts de la société. Cela faisait cinq ans que notre société était en très forte croissance : nous avions fait énormément d'acquisitions aux États-Unis, au Canada, en Australie, en Nouvelle-Zélande. Il était pertinent de faire une pause, de réduire le rythme des acquisitions et de resserrer un peu tous les boulons, comme nous l'avions fait en 1990. Il fallait rembourser la dette au plus vite. Tout cela s'est déroulé en douceur.

Philippe Alfroid et moi-même avons alors senti ce que peut être la puissance du marché financier. Le *road show* où nous vendions tous deux l'opération a commencé à Paris. L'opération a reçu un bon accueil. Il s'est poursuivi à Londres la semaine suivante. Là, ce fut carrément l'explosion ! De *one to one* en *one to one* – nom donné aux réunions au cours desquelles le *management* rencontre les investisseurs –, nous avons senti que le marché londonien nous soutenait et qu'il allait massivement souscrire. À la fin du premier jour à Londres, nous avions déjà dix fois la somme nécessaire dans nos « livres » (les spécialistes du marché appellent *book* le document où ils enregistrent toutes les demandes des investisseurs qui veulent souscrire à l'opération). Avoir dix fois la somme en un après-midi est une véritable marque de confiance du marché (soit 10 milliards d'euros, pour une affaire qui à l'époque en capitalisait 3) ! Fabuleux adoubement du marché qui nous a réellement permis de prendre notre envol.

Le marché est donc un bel outil quand on l'utilise de façon sage et raisonnable. Il nous a aidés à résoudre le problème des liquidités d'un bloc d'actions qui était énorme pour nous (Saint-Gobain, la veille de sa décision de sortir, détenait près d'un tiers de la société). Une fois cette opération réalisée, nous avons été très bien positionnés sur le marché avec une image claire. Nous savions où nous allions. Nous avons immédiatement communiqué cette information à Valoptec, aux équipes, à notre conseil, qui nous avait magnifiquement soutenus pendant cette période très délicate, et Essilor est reparti au travail !

Par conséquent, avant de juger le marché, il faut aussi bien comprendre l'extraordinaire appui qu'il peut donner aux entreprises quand il est bien utilisé !

La bourse est moins ancienne que l'économie de marché. Elle n'est apparue en effet qu'après les notions de bilan, explicitées par les Génois et les Vénitiens. Cependant, elle n'est pas née d'hier.

On trouve les premiers chiffres de transactions à Venise, à Gênes, à Anvers et à Amsterdam. On sait que le *price earning* (rapport entre la valeur d'une entreprise et son bénéfice) de la Compagnie des Indes, la plus vaste entreprise de l'époque, qui a possédé jusqu'à 2 000 bateaux et comptait près de 70 000 employés, était de l'ordre de 15 dans les périodes de faible inflation (à peu près les mêmes chiffres qu'aujourd'hui !). On sait que la Compagnie des Indes a capitalisé l'équivalent de plusieurs milliards d'euros au pic de sa puissance en 1750 et avait près de 20 000 actionnaires. Il est évident que la cotation de cette société, la capacité donnée à ses dirigeants de lever des sommes importantes, a été une des armes concurrentielles qui lui ont permis de battre (et de quelle manière !) les sociétés d'État comme les compagnies françaises des Indes qui pourtant avaient toute la puissance publique derrière elles.

Il ne faut pas être dupe non plus. La Bourse a aussi été le lieu de turpitudes terribles. On connaît les manipulations de l'information durant la bataille de Waterloo. Des financiers colportaient sciemment de fausses nouvelles sur l'issue de la bataille à Paris et à Londres pour faire évoluer les cours et en tirer partie.

On sait que les conflits entre agents de change et population se sont réglés dans la rue à la manière forte, par des pendaisons en Grande-Bretagne lors de l'effondrement des cours des actions de sociétés de chemins de fer en 1850. Les choses, comme toujours, ont progressé à la suite de ces erreurs. Oscar Wilde disait : « L'expérience, c'est le nom que l'on donne à ses erreurs ! »

Comme dans toute activité humaine, le pire côtoie toujours le meilleur. Les choses se sont beaucoup améliorées. Il y a encore des dysfonctionnements, mais les autorités sont aussi de plus en plus sophistiquées et efficaces. Bref, la situation s'est, à mes yeux, considérablement renforcée d'année en année.

Un dérèglement à corriger rapidement : le short selling

La pratique qui est actuellement sur la sellette est celle du *short selling*. Elle consiste à vendre, sans les posséder, des actions en pariant sur leur chute. Le principe est simple : une action vaut 1. Vous allez voir un porteur de 100 actions, vous les lui empruntez en lui promettant de lui en rendre 110 un an plus tard.

Votre pari est que l'action va chuter. Vous la vendez immédiatement pour récupérer les cent en *cash*. Vous attendez que l'action tombe à 50, vous rachetez cent dix actions, que vous payez 55 ; vous rendez alors les actions, et vous avez 45 en poche sans bourse délier. C'est magique si l'action chute de plus de 10 %.

Mais si l'action grimpe, vous pouvez essuyer une perte considérable.

Le vrai sujet d'ordre déontologique se pose quand les maisons qui pratiquent cette activité sont aussi des maisons d'analystes et de *brokers*, c'est-à-dire de gens qui sont chargés de la vente et de l'achat au jour le jour. Elles ont la possibilité d'influencer les cours à la fois en manipulant les études d'analystes et par le bouche à oreille en vigueur sur le marché. Ces pratiques peuvent engendrer (et engendrent) toutes sortes de dérives. Elles s'exercent sur les actions, mais aussi sur les monnaies. Essilor et ses actionnaires ont souffert à plusieurs reprises de ces agissements. Toute opération de *short selling* n'est pas malhonnête, mais nous avons connu, à plusieurs reprises, des situations pour le moins « limites ». Une société fait monter le cours par des recommandations exagérément élogieuses, elle effectue des opérations de *short selling* puis change brutalement la recommandation. Elle lance alors ses *brokers* et gagne beaucoup d'argent sans prendre beaucoup de risques. Cette pratique est, à mes yeux, proprement scandaleuse. Chaque fois que nous avons été la cible de ce type d'agissements, nous avons immédiatement protesté auprès des autorités et demandé des enquêtes.

Je suis d'avis de suspendre ces activités pendant cinq ans, et de voir ce qui se passe. Beaucoup de gens puissants vont évidemment se rebiffer en expliquant que c'est se priver d'un outil qui crée de la fluidité sur le marché ; je proposerais alors de contraindre, par la loi, les acteurs du *short selling* à bloquer un capital égal à trois fois le montant sur lequel ils parient. En forçant à investir, on pourra probablement réduire les excès. On peut toujours faire des expériences sur un domaine (les monnaies, les actions, l'or, les métaux ; on peut le faire sur une région test) et voir ce qui se passe. Ce ne sont pas les idées qui manquent. Sur ce sujet, le régulateur doit à mon avis intervenir. Je suis prêt à défendre le marché financier dans son ensemble, mais les excès du *short selling* jettent une ombre qu'il faut absolument dissiper.

Les road shows, la presse financière et le fonctionnement du marché

Le cas du *short selling* mis à part, il faut dire avec force que le marché financier est un splendide outil quand il est géré par des gens dotés d'une éthique. La très grande majorité des personnes sont honnêtes et très travailleuses. J'ai fait, en vingt ans, sur toutes les grandes places financières, un bon millier de *one to one* : je me dois de constater que le marché est un outil très puissant avec ses 35 000 analystes qui décortiquent en permanence les chiffres des 35 000 entreprises cotées dans le monde et qui publient constamment des rapports et des notes sur elles.

Les maisons de *brookers* (les opérateurs effectifs de l'achat et de la vente des actions sur les bourses) connaissent parfaitement tous les investisseurs et assurent un brassage permanent des informations. Les investisseurs qui gèrent les portefeuilles de caisses de retraite et d'assurance sont des gens extrêmement compétents.

Cet ensemble est, pour des sociétés comme les nôtres, un outil indispensable dans notre gestion financière. Nous avons une trentaine d'investisseurs, qui possèdent entre 2 % et 5 % d'Essilor. Ils nous connaissent très bien et nous accompagnent depuis très longtemps. Les *road shows*, nom donné aux visites que les dirigeants font deux fois par an à l'ensemble des marchés pour leur commenter les résultats de l'entreprise, nous permettent de bien diffuser l'information à tout le monde au même moment. C'est, pour un *management*, une source irremplaçable d'informations et de discussions. Nous savons que, si nous avons un jour besoin de lever de l'argent, ils seront là. Quand une chose ne va pas, ils nous le disent très franchement. De plus, nous les connaissons depuis très longtemps, nos contacts sont suivis et, je tiens à le dire, des relations de confiance se sont établies avec beaucoup d'entre eux, ceux qui misent sur le long terme.

Ces *road shows* sont à mes yeux une hygiène très saine pour les dirigeants. Après tout, c'est, comme les visites aux clients, une bonne façon de cultiver son humilité !

Il faut bien être conscient des zones de progrès ouvertes au marché financier, mais il ne faut surtout pas se priver de cet outil qui est une source de liquidités considérable pour les particuliers, une source d'investissement et un système de contrôle de la gestion pour les entreprises. La cotation est contraignante – il faut sortir des résultats ! –, mais elle induit un contrôle constant des coûts et une remise en cause permanente tout à fait saine. Nous avons été tout le temps cotés, nos concurrents ophtalmiques européens ne l'ont pas été. Ils n'ont pas eu de stratégie plus audacieuse pour autant.

Même si certains investisseurs vous quittent quand ils ne croient pas à l'un de vos investissements, vous en trouvez toujours de nouveaux pour vous suivre. La bourse est une vaste démocratie. Le fameux « 15 % de rentabilité annuelle », je ne l'ai jamais entendu dans la bouche des détenteurs de gros fonds. Les 15 %, je les ai entendus, lorsqu'il s'agissait de *hedge funds* à très fort endettement. Je les ai toujours découragés d'acheter de l'Essilor en leur expliquant que nous étions des marathoniens, pas des *sprinters*. Je leur ai toujours dit qu'avec Essilor il ne faut pas attendre des exploits, c'est sur la durée que nous nous démarquons ! Nous les avons en général persuadés que nous n'étions pas adaptés à leur type de stratégie ! Quand on discute avec les grands gérants, ils vous parlent des 7 % qui sont le taux de rentabilité de la bourse mesuré sur cent ans. On est loin des 15 %.

Avoir en permanence un prix de marché pour un actif de la taille d'une très grosse entreprise, faire participer des dizaines de millions de personnes à l'aventure de l'entreprise, avoir ces liquidités immédiates est un énorme service rendu à la communauté.

Si on se privait de la bourse, je suis absolument convaincu que l'économie subirait une profonde dépression. Il faut absolument enseigner la bourse aux enfants des écoles. Ce serait une façon très intéressante de démarrer un cours d'économie. J'ai donné à des petits neveux, pour Noël, des petits portefeuilles d'actions. Cela les a passionnés. Ils se sont mis à lire les pages économiques de journaux et ils ont intégré de brillantes écoles de commerce !

Un dernier mot sur la presse financière et les commissaires aux comptes.

La presse financière, que j'ai lue très régulièrement sur de longues périodes, fait le lien entre les sociétés et l'ensemble des investisseurs particuliers. Elle est très professionnelle à mes yeux et s'applique à traduire la réalité des chiffres. Elle est en cela aidée par les commissaires aux comptes, chargés, au sein de sociétés indépendantes, de certifier les comptes, en quelque sorte le langage financier. Il y a eu un gros scandale aux États-Unis voilà une dizaine d'années : la société qui avait cette mission, et qui était à l'époque une des plus grosses du monde dans ce métier, a tout simplement disparu dans l'affaire ! Certifier des comptes est donc un acte très courageux. Il faut tirer notre révérence à cette profession, discrète, dont le travail va beaucoup plus loin que la vérification des stocks. Elle est un des principaux garants de la confiance sans laquelle rien ne peut plus fonctionner.

La presse financière est soucieuse de vérité. Elle ne cherche pas le spectaculaire (quand il y en a, elle ne s'en prive pas, mais ce n'est pas sa quête première). On y trouve de remarquables journalistes qui connaissent de très longues et belles carrières et qui cherchent à comprendre les enjeux sans systématiquement chercher des fautes et des coupables. Avec eux, on peut s'exprimer en confiance !

Je vais plus loin : je trouve que cette presse a été impeccable pendant toute la crise financière. Elle n'a pas hésité à se dresser contre des gens puissants qui avaient fait fausse route. Cette presse, comme les commissaires aux comptes, a rendu un sacré service à la société étant garante de l'objectivité des comptes.

Actions ou SICAV ?

Je pense que, si l'on veut tirer des leçons pratiques de la crise actuelle, il faut réduire l'importance des SICAV. Le petit porteur est confronté à un problème majeur de transparence. On lui a vendu des SICAV au titre de la diversification, alors qu'il suffit de vingt actions différentes pour être véritablement diversifié. Il serait infiniment plus sain de revenir aux actions avec leur nom et leurs caractéristiques chiffrées. Les entreprises sont aujourd'hui très spécialisées, elles sont beaucoup plus facilement lisibles qu'elles ne l'étaient auparavant. Avec un bagage minimal, on peut très bien comprendre les concepts de bénéfice par action, de *price earning*, de croissance, de dividende. Il y a d'excellentes émissions de télévision sur la bourse. Chacun peut très bien choisir lui-même ses actions. Il fera de bons coups, il prendra des claques. Grâce à elles, il apprendra et comprendra mieux l'économie.

Qu'y a-t-il vraiment dans un PEA ? Personne ne connaît son contenu. On est heureux quand cela monte, triste quand cela baisse, mais on ne sait pas pourquoi ! La bourse ressemble alors à une boîte noire ; les produits vendus comme « modernes et sans souci » suscitent aujourd'hui de la suspicion, et surtout n'ont pas de valeur pédagogique. Le pot aux roses, ce sont les *subprimes*, petits frères dégénérés (peut-on le dire comme cela ?) des SICAV. Choisir entre des options « dynamiques », « bon père de famille »... est un exercice dérisoire. Je suis favorable à la fin de ces produits illisibles et mal nommés.

Chaque porteur doit savoir ce qu'il possède et connaître l'historique de chaque entreprise. Chaque porteur peut très bien comprendre la nature du risque que l'on porte quand on a une action, une obligation, du monétaire de pays, du monétaire de banque. Les banques peuvent et doivent donner ces conseils à leurs clients. Chaque particulier doit progresser, à travers ses investissements, dans la compréhension de l'économie. Ce n'est pas bon, à mes yeux, de se défausser de ces sujets, chacun doit comprendre.

Dans ce domaine encore, sachons raison garder. Régulons ce qui doit l'être, mais réalisons bien que, sans marchés financiers, l'économie s'écroulerait. Et je ne vois pas bien (personne ne le voit bien !) ce qui pourrait les remplacer.

LA BONNE DETTE :
LES CHANTIERS BÉNÉTEAU

« Annette, la situation est risquée, mais ne changez pas votre stratégie d'endettement volontaire. Avec un peu de chance, vous passez devant Jeanneau dans cinq ans et vous les rachetez dans dix ans ! »

La « logique » de la courbe d'expérience donne un clair avantage au *leader*. Il a en effet les coûts les plus bas et peut croître plus vite que ses concurrents, puisqu'il a plus d'argent.

S'il ne fait pas d'erreur, il est donc en théorie intouchable. Cela a quelque chose de désespérant pour les suiveurs. Il n'en reste pas moins que des *leaders* attentifs à leurs parts de marché ont su tenir leur rang durant des décennies en maintenant leurs concurrents à distance.

Mais tout n'est pas si simple… heureusement ! En la matière, il faut distinguer la théorie de la réalité. La vraie vie est celle que l'on n'apprend pas à l'école et que l'on ne peut qu'éprouver sur le terrain. Elle a son lot d'imprévus, de « loupés » et d'exploits ! La psychologie, la volonté y ont la part belle. En matière de *business*, rien n'est impossible !

Le plus bel exemple de retournement concurrentiel qu'il m'ait été donné de vivre est sans conteste celui qui a opposé Bénéteau à Jeanneau dans les années 1970-1982.

J'ai fait la connaissance d'Annette et de Louis-Claude Roux en 1976. J'ai d'abord travaillé avec eux comme consultant BCG, puis comme DG. C'est une période inoubliable de mon existence. Je suis issu d'une famille de médecins, de notaires, d'officiers de marine, d'hommes politiques et de religieux. Autant dire que je n'étais pas prédestiné au monde des affaires. Le BCG m'a ouvert la porte de la piscine, mais c'est chez Bénéteau que j'ai fait mon premier plongeon dans le grand bain... avec de sacrés maîtres nageurs !

En 1976, Bénéteau était l'un des dix premiers fabricants de bateaux de plaisance. Cette industrie, très jeune, avait pour *leader* à l'époque la maison Jeanneau. Jeanneau était très nettement en tête avec 80 millions de francs de chiffre d'affaires. Dufour était numéro deux, et Bénéteau arrivait en cinquième position avec 30 millions de francs de chiffre d'affaires. Bénéteau était deux fois et demie plus petit que le *leader*, sa situation pouvait paraître précaire, et pourtant Bénéteau a été capable de faire basculer tout le système. Voici comment !

Bénéteau a profité d'un marché en croissance très rapide pour croître beaucoup plus vite que tous ses concurrents, y compris Jeanneau.

Éric Tabarly avait mis la France sur l'eau, il avait séduit De Gaulle ; le président Pompidou avait encouragé la construction de ports ultra-modernes que toute l'Europe nous enviait. Le marché français de la plaisance croissait à l'époque de 15 % par an. À l'intérieur de ce marché, le passage du bois au plastique faisait croître le créneau du bateau en polyester de 25 % par an !

Dans un environnement atone, il est très difficile pour un suiveur de grandir, car ce qu'il gagne, le *leader* le perd, ce qui conduit naturellement ce dernier à réagir rapidement avec une force de frappe supérieure. Dans un marché en croissance rapide, il est possible de croître plus vite que le *leader*, car celui-ci le réalise moins facilement. Il se développe en effet lui-même et a l'illusion, un temps, de conserver sa position et même de l'asseoir.

Les marchés à croissance faible sont « visqueux » en termes de parts de marché, contrairement aux marchés qui croissent et qui sont plus fluides. Dans un marché qui croît de 25 %, les parts de marché sont complètement fluides.

Le *leader* Jeanneau a été contre toute attente gêné par... son actionnaire. Jeanneau était une filiale d'un groupe américain, Bangor Punta, très connu pour ses avions Piper ! Jeanneau bénéficiait théoriquement de la puissance financière d'un grand groupe ce qui, pensait-on, rendait la partie encore plus injouable pour les suiveurs qui n'étaient que des PME dynamiques. En fait, Bangor Punta ne s'est intéressé à l'époque qu'aux avions Piper et a « pompé » Jeanneau en lui demandant en moyenne un dividende de 60 % de ses résultats.[10])

Jeanneau était le *leader* par excellence, il n'avait aucune dette, il montrait sa force en versant un très gros dividende, mais cela l'empêchait de profiter pleinement du dynamisme du marché.

À l'époque, Bénéteau faisait l'inverse, Bénéteau ne payait aucun dividende, réinvestissait tout son bénéfice et se réendettait de 1 franc pour chaque franc réinvesti !

Je me rappelle parfaitement la première conversation que j'ai eue avec Annette Roux. Elle vivait mal la solidité apparente de son concurrent Jeanneau. Je lui ai tout de suite expliqué qu'en raison de la très forte croissance du marché la « force » de Jeanneau était en fait une faiblesse stratégique et que la prétendue fragilité de Bénéteau était un atout déterminant à condition de bien jouer sur le terrain. La volonté et l'audace d'Annette Roux ont fait le reste.

Au vu des forces en présence, je lui ai dit : « La situation est risquée, mais ne changez pas votre stratégie d'endettement volontaire. Avec un peu de chance, vous leur passez devant dans cinq ans et vous les rachetez dans dix ans ! » Elle m'avait répondu : « Chiche ! » Quelque temps après, d'ailleurs, je rejoignais les chantiers Bénéteau.

Il est très utile d'entrer dans le détail, car cette histoire est un exemple magistral d'endettement stratégique réussi. Nous sommes très loin de l'endettement fou qui cherche à déplacer la richesse entre actionnaires au détriment de l'entreprise et qui a conduit aux drames récents.

Le financement de la croissance

Le tableau joint donne les éléments financiers simplifiés expliquant de façon synthétique la différence des politiques financières, en retenant l'année 1976 pour donner un exemple. Le rapport de force était en gros le suivant : 80 millions pour Jeanneau et 30 millions pour Bénéteau.

Les résultats de Jeanneau, 12,2 millions de francs, étaient réduits par les impôts de 4,3 millions et, après la distribution d'un dividende de 4,7 millions (60 % de 7,9), il ne restait que 3,2 millions à investir

---

10. Cf. annexes, T 6.

pour un actif de 41 millions, ce qui donnait une croissance théorique de 8 % (3,2/41)[11].

Bénéteau avait un résultat après déduction des frais financiers de 5,5 millions et payait 1,9 million d'impôt, il restait donc 3,6 millions. Le chantier ne payait, comme on l'a dit, aucun dividende et s'endettait au *ratio* de 1 pour 1, c'est-à-dire ajoutait 3,6 millions au bénéfice net.

Bénéteau investissait donc 7,2 millions, soit plus du double de Jeanneau, alors qu'il était deux fois et demi plus petit ! Il en résultait une croissance théorique de 50 % (7,2/14).

Dans les faits, les chiffres d'affaires respectifs des deux entreprises se sont croisés entre 1981 et 1982 à 170 millions de francs. Jeanneau avait crû de 12 % et Bénéteau de 40 % l'an. Jeanneau, qui croissait, n'avait pas vu Bénéteau fondre sur lui.

Le stratagème a été encore plus beau en fait, car il s'est doublé d'un coup tactique très astucieux. À l'époque, Jeanneau faisait des bateaux à voiles et des bateaux à moteur alors que Bénéteau était spécialisé dans les bateaux à voiles. Mon arrivée a été présentée comme un signe fort en faveur du développement des bateaux à moteur. C'était un leurre ! Jeanneau, pour contrer Bénéteau, investit à l'époque dans les moteurs, ce qui était inutile et permit à Bénéteau de le doubler dans les bateaux à voiles !

Au début des années 1970, Bénéteau avait pourtant des coûts plus élevés que Jeanneau en raison de l'effet d'expérience et des frais financiers liés à son endettement ; cela ne l'a pas empêché de descendre la courbe d'expérience beaucoup plus vite ! Les courbes de rentabilités se sont croisées. Inutile de dire qu'à partir de 1981 Bénéteau eut des coûts plus bas que Jeanneau.

Quand cette étape cruciale fut passée, la dette n'était plus nécessaire et faisait courir un risque en cas de crise passagère du marché. Annette Roux décida de mettre une partie du capital de Bénéteau en bourse et d'utiliser les fonds recueillis pour rembourser sa dette, ce qui est peu fréquent dans les mises en bourse. Bénéteau était alors en position de laminer Jeanneau.

Mais Jeanneau échappa au couperet, car Bénéteau rencontra alors un problème d'osmose dans les coques de certains bateaux. Cela freina le chantier pendant cinq ans. Heureusement, à l'époque, le groupe

---

11. Cf. annexes, T 6.

n'avait plus de dette, sans quoi les conséquences auraient certainement été terribles.

C'est alors que les cadres de Jeanneau, poussés par des fonds de *private equity* (ils étaient déjà là !), décidèrent alors de reprendre leur groupe dans un LMBO. Malheureusement pour eux, le levier de la dette fut beaucoup trop important pour que l'opération réussisse. Ils furent financièrement pris à la gorge, alors que Bénéteau réglait son souci technique. L'affaire fut vite entendue : Jeanneau capota, Bénéteau le racheta. De là naquit un *leader* mondial.

Cette histoire, avec ses rebondissements, ses changements de rythme, illustre à merveille la valeur de l'endettement stratégique, mais aussi le mystérieux mélange d'audace, de ténacité, de prudence et de sens du *timing* qu'exige le métier de PDG.

ACTIONNARIAT SALARIÉ

De la participation à l'actionnariat salarié

Je me rappelle une assemblée générale de Valoptec juste après la sortie de Saint-Gobain du capital d'Essilor. Nous, actionnaires-salariés, avions tous compris l'importance de serrer les rangs. J'ai été sollicité par un contremaître retraité qui avait fait toute sa carrière dans le groupe. Il avait accumulé un bon petit pécule (vous vous ferez, quelques lignes plus bas, une idée de ce que cela peut être), car il n'avait jamais touché à ses actions. Il me demandait la permission d'en vendre un peu pour aider sa fille, qui venait de se marier, à acheter une maison. Il ne voulait pas fragiliser le contrôle. L'attitude de notre contremaître était d'autant plus remarquable qu'il était retraité et aurait bien pu se désintéresser d'Essilor ! Je l'ai bien sûr encouragé à profiter de cet argent gagné après une telle fidélité. Il avait tout compris ! Intuitivement, il savait que le capital qu'il détenait n'était pas seulement de l'argent, c'était aussi un morceau du pouvoir sur Essilor. C'était une partie du contrôle de la maison et de son esprit très particulier qu'il ne voulait pas perturber sans mon accord. L'actionnaire salarié (et retraité !) est un actionnaire plus responsable que les autres parce que, en assurant la durée des stratégies et du *management*, il est un garant de la culture de la maison. C'est tout l'intérêt de rapprocher le travail du capital. C'est beaucoup plus qu'une simple affaire d'argent.

Les pays où il fait bon vivre sont, en général, ceux où chacun est occupé à une activité dans laquelle il se réalise pleinement. Cela signifie que chaque personne a le sentiment que son travail ou le risque entrepreneurial qu'il prend sont justement récompensés par de l'argent, mais aussi par le sentiment d'avoir un certain contrôle sur sa destinée. Là où c'est le cas, la vie sociale a toutes les chances d'être harmonieuse. L'actionnariat salarié est un beau sujet de société.

Si l'on veut un système qui résiste au temps, il faut se pencher non seulement sur le partage, mais aussi sur les conditions de la création de la valeur. Une répartition qui décourage les créateurs de valeur, comme c'est malheureusement presque toujours le cas, n'est pas une bonne idée. Il est tout aussi évident que, si les créateurs de valeur n'ont pas une attitude équitable dans le partage de ce qu'ils ont créé, la motivation du personnel risque également de s'effriter et l'efficacité opérationnelle s'en ressentira fortement. L'actionnariat salarié est une réponse simple aux deux préoccupations.

Un retour sur les fondements de l'entreprise

Depuis des siècles, l'entreprise fonctionne sur la base de règles simples : le risque est pris par l'actionnaire, et le salaire est payé par l'entreprise, qu'il y ait résultat ou pas. L'actionnaire assume les pertes et a droit aux bénéfices quand il y en a, ce qui est loin d'être toujours le cas.

En tant que propriétaire du profit, c'est l'actionnaire qui décide de son allocation entre dividendes et réinvestissement dans l'entreprise.

L'idée d'associer davantage le personnel au bénéfice de l'entreprise n'est pas nouvelle. Elle a été concrétisée une première fois, il y a quarante ans, avec la loi sur la participation qui fut lancée par le général De Gaulle. Le débat a été récemment relancé en France par Nicolas Sarkozy avec l'idée des trois tiers.

« Cela fait bien longtemps que je pense que la règle des trois tiers est une bonne règle. Sur 100 de bénéfice, il devrait y en avoir 33 qui reviennent aux salariés, 33 qui vont directement dans la poche de l'actionnaire et 33 qui servent à être réinvestis dans l'entreprise », a ainsi déclaré le président.

Cette doctrine a le mérite de la clarté et de la simplicité, l'idée qui la sous-tend est louable. La réalité est malheureusement beaucoup plus complexe et, appliquée sous cette forme, la doctrine peut créer de graves distorsions économiques.

Il est, à mes yeux, impossible d'établir un *ratio* simple pour le partage du bénéfice. Chaque entreprise a en effet son propre modèle, qui nécessite plus ou moins d'investissement et, pour une même entreprise, la règle change nécessairement avec les années. Vouloir imposer une règle rigide, c'est ne pas tenir compte de la diversité du tissu économique et du facteur temps. De plus, il est souhaitable que chaque entreprise conserve une certaine liberté, pour décider elle-même de l'allocation de ses ressources, surtout dans un environnement mondial et mouvant.

L'incroyable variété de l'économie réelle

On ne perçoit pas assez l'extraordinaire variété des entreprises qui constituent une économie moderne. Les caractéristiques de chacune de ces sociétés sont presque aussi différentes que celles que l'on retrouve dans la faune ou dans la flore. (Voir le chapitre « Petit précis d'économie 3 ».)

Le besoin en capital d'une société de restauration collective est nul, voire négatif, puisque les clients paient plus vite que l'entreprise ne paie ses fournisseurs, alors qu'une entreprise de remontées mécaniques a besoin d'un investissement égal à environ trois fois son chiffre d'affaires. La répartition du capital et du travail de ces deux sociétés n'a donc strictement rien à voir. Dans la première, le travail représente à peu près 95 % de la valeur ajoutée, il n'y a pratiquement pas besoin de capital, donc l'entreprise a besoin de beaucoup moins du tiers. Dans le second cas, il faut réinvestir plus du tiers du bénéfice dans l'entreprise, car le besoin de capital est énorme.

La répartition entre l'investissement et le dividende varie, elle, suivant la croissance de l'entreprise. Quand l'entreprise est en période de croissance, en début de cycle de vie, la part des bénéfices retenue dans l'entreprise doit être de 100 %, en termes techniques on parle de « rétention » de 100 %. Quand la position concurrentielle devient solide et que la croissance du marché retombe quelque peu, signe que le marché mûrit, on peut commencer à verser un peu de dividende, peut-être 20 %. Ce n'est que lorsque la croissance tombe à 1 ou 2 % que l'on peut en augmenter le taux en veillant cependant à ne pas perdre de la part de marché sous peine de voir la source de résultat se tarir très rapidement. Tout cela demande jugement et doigté.

Dans la réalité, lorsque se combinent toutes ces variables (intensité capitalistique, part de marché et croissance), on se retrouve devant une véritable mosaïque de situations. Dès lors, fixer des *ratios* globaux qui s'appliqueraient au partage de la valeur entre travail, investissement et dividende pour chacune des entreprises ne manquera pas de provoquer un dérèglement total de l'économie. On fera trop investir par endroits, pas assez dans d'autres. On paiera trop de dividendes quand ce sera inopportun voire dangereux de le faire, on n'en paiera pas assez lorsque ce sera possible. La plus grande difficulté dans cette affaire est que les entreprises deviennent de plus en plus mondiales et que l'on ne peut pas traiter les collaborateurs français différemment des autres.

Si l'on impose la règle des trois tiers, le capital, déjà soumis au risque concurrentiel – ce qui n'est pas une mince affaire ! –, se verra imposer un risque juridique supplémentaire. Il prendra peur et ira s'investir ailleurs. Tout le monde comprend que ce n'est probablement pas la meilleure chose à faire en cette période.

Le principe de l'actionnariat salarié

Loin de s'opposer, capital et travail sont en fait des alliés et ont besoin l'un de l'autre. Sans investisseur qui risque son argent, pas de machines, pas de produits, pas d'entreprises, pas d'emplois. Réciproquement, aucun capital ne peut fructifier sans employés, c'est évident. Comment créer une relation harmonieuse entre les deux ?

Il existe une solution très simple qui permet d'améliorer le partage de la valeur créée en faveur du personnel tout en stimulant sa création par une motivation accrue. Cette solution peut s'appliquer à toute entreprise quels que soient son secteur, son intensité capitalistique et sa croissance. Cette solution, c'est l'actionnariat salarié.

Il ne s'agit pas de décréter arbitrairement que les entreprises doivent donner une partie de leur résultat aux salariés. Cela serait une spoliation des actionnaires existants et, si l'on n'y prend garde, c'est ce qui résulterait d'une application non réfléchie de la loi des trois tiers !

Il s'agit plutôt d'aider les entreprises désireuses d'associer leur personnel au capital à le faire en douceur et sur la durée. La loi donne déjà trois possibilités : le plan d'épargne, les actions de performance et les stock-options. Le dispositif est remarquable, il suffit de l'utiliser.

Actionnariat et capital

Si l'entreprise est performante sur la durée, l'actionnariat salarié peut permettre au salarié de se constituer au long de sa vie de travail un capital important.

Un ouvrier qui serait rentré chez Essilor il y a quarante et un ans, et qui aurait mis tous les mois 7 % de son salaire dans notre plan d'épargne, disposerait aujourd'hui, au moment de sa retraite, d'un capital de l'ordre de 600 000 euros. Un contremaître peut disposer de près du double ! Dans les deux cas, ceci assure une retraite qui est largement le double de la retraite légale. Cotiser 7 % est néanmoins très élevé et requiert d'avoir confiance en son employeur. L'action Essilor a certes eu une performance exceptionnelle, et l'abondement que pratique l'entreprise est très généreux. On est donc au haut de la fourchette, mais les calculs montrent que, même dans des cas normaux, le résultat reste extrêmement intéressant.

Prenons une entreprise dont la rentabilité est de 7 % en moyenne sur longue durée. Un ouvrier qui place 7 % de son salaire avec un abondement de 100 % obtient 200 000 euros *in fine*. S'il place 3,5 % de son salaire, il capitalise à sa retraite 100 000 euros. Même dans ce cas, moins favorable, la formule est donc payante !

La gouvernance

L'argent n'est qu'un des aspects de l'actionnariat salarié. C'est un aspect important, mais ce n'est pas le seul. L'accès du personnel à la gouvernance est pour ceux qui le pratiquent depuis longtemps une de ses dimensions les plus vertueuses.

Dès lors qu'il est actionnaire, le personnel dispose de postes d'administrateurs au prorata de sa part dans le capital. Il siège au côté des administrateurs indépendants, il a son mot à dire au Conseil, c'est un moyen pour ses représentants d'avoir une vision claire de toutes les facettes de l'entreprise. C'est pour eux une expérience très enrichissante qu'ils peuvent partager avec leurs collègues. L'expérience montre qu'ainsi les grandes décisions sont mieux comprises, mieux communiquées et mieux partagées par le personnel.

Chez Essilor, nous organisons la communication avec le personnel actionnaire à travers un canal baptisé Valoptec. Valoptec organise des réunions mensuelles entre la direction et ses représentants élus et, deux fois par an, réunit tous les salariés dans des assemblées générales où sont votées, à bulletins secrets, des résolutions ainsi que la stratégie et les politiques de ressources humaines.

De nombreuses entreprises pratiquent cette formule d'association et peuvent attester que l'ambiance dans l'entreprise est différente quand le personnel a du capital et participe à la gouvernance. La direction dirige et décide en dernier lieu, sous le contrôle du conseil d'administration, mais la direction est aussi redevable auprès de ses salariés actionnaires. Dans une entreprise où les salariés sont actionnaires et jouent leur rôle d'actionnaires, leur relation à la société est donc totalement différente de ce qui se passe dans une entreprise traditionnelle.

Lorsque l'année est un peu difficile et que la direction générale demande de faire un effort supplémentaire en cours d'année, la répartition des efforts entre les continents et les secteurs (vente, production, recherche et développement) se fait en un après-midi, ce qui est remarquable pour une entreprise mondiale. Les gens savent que c'est leur propre argent et qu'en prendre soin, c'est réduire, quand il le faut, le train de vie de l'entreprise.

Mais l'effet le plus impressionnant de l'actionnariat est certainement dans la dignité et le sens de la responsabilité qu'il confère aux collaborateurs-actionnaires.

Je me rappelle très précisément le jour où nous avons annoncé au personnel indien qu'il avait accès au capital. Les gens sont montés sur les tables et ont fait une *standing ovation* qui a bien duré cinq minutes. Le lendemain, nous avons fait passer une caméra dans les bureaux pour recueillir les commentaires : les salariés disaient en substance qu'ils étaient désormais chez eux ! L'actionnariat salarié avait complètement changé le regard qu'ils portaient sur Essilor, ils avaient acquis la dignité de propriétaires, ils pouvaient désormais influencer la stratégie de l'entreprise.

Nous avons procédé de même en Chine, le gouvernement chinois ayant, dans notre cas, autorisé l'actionnariat salarié. Il a vu l'intérêt de l'expérience, qu'il suit avec bienveillance. Nous avons tous été très heureux de voir le patron de nos affaires en Chine, M. He Yi, rejoindre, à l'occasion de notre dernière Assemblée Générale, le Conseil du groupe au titre des salariés actionnaires.

Le courage de l'actionnaire salarié

Attention, tout n'est pas simple, loin de là. L'actionnariat salarié est très impliquant. Tout le monde ne voudra probablement pas augmenter son investissement dans son entreprise. L'action peut monter, mais elle peut aussi descendre. Il faut donc des gens solides. À ce prix, le salarié actionnaire sait qu'il profite au mieux par ce biais de son action quotidienne et de sa fidélité. C'est absolument essentiel en termes de motivation !

Sur ce plan, les personnels d'Essilor ont toujours été exemplaires. L'entreprise a beau être très solide, à deux reprises, l'action a été « chahutée » : en 1990, quand il a fallu se recentrer sur les verres ; et évidemment pendant la crise récente. Dans ces deux occasions, les Essiloriens n'ont pas vendu et ont soutenu sans faiblir une seconde le *management* chaque fois qu'il fallait prendre des mesures sévères, qui parfois concernaient certains d'entre eux.

Quand il a fallu prendre des risques, ils ont toujours été là. En 1996, quand nous avons investi de grosses sommes aux États-Unis, il a fallu une certaine audace. Une partie du marché financier pensait d'ailleurs que notre activité serait moins rentable et n'a pas suivi. Les Essiloriens, eux, n'ont pas fléchi, et ceux qui l'ont fait le regrettent amèrement aujourd'hui.

En tant que responsable de la maison Essilor, je suis évidemment un promoteur de la formule auprès des hommes politiques. Je suis notamment un défenseur des stock-options et des actions de performance qui sont à l'évidence parmi les moyens les plus intelligents pour la promouvoir à condition de les utiliser avec sagesse. Chez Essilor, nous observons des règles simples et strictes. D'abord, les attributions n'entraînent aucune dilution pour l'actionnaire, car les actions émises (entre 0,8 et 1 % par an) sont rachetées et détruites dans l'année. Ensuite, chez Essilor, près de 8 000 collaborateurs en bénéficient chaque année et les mandataires en ont, mais dans des proportions modérées (3 à 4 % du total, soit dix à vingt fois moins que les pourcentages qui ont à juste titre heurté l'opinion). Enfin, les mandataires (le PDG et le DG) réinvestissent très largement les plus-values de leurs stock-options dans Essilor ; leurs actions représentent plus que la moitié de ce qu'ils ont, ils ont donc un comportement d'entrepreneur individuel.

La loi française est favorable à l'actionnariat salarié et très bien conçue

La loi française permet l'abondement, c'est-à-dire la capacité pour l'entreprise de doubler, pour les 5 000 premiers euros, l'investissement de l'employé. L'employé peut en outre acheter ses actions avec une décote de 20 % sur le cours de bourse dans une certaine limite également. Les deux avantages combinés sont significatifs : en effet, pour les premiers euros qu'il investit, l'employé reçoit instantanément deux fois et demi la somme normale. Supposez que vous investissez 5 000 euros par an, Essilor ajoute 5 000 euros ; vous avez donc 10 000 euros qui vous permettent d'acheter l'action Essilor à 20 % du cours de bourse, soit 12 500 euros. Cet avantage réel donné par la loi fait qu'Essilor a été toujours très ferme sur l'idée qu'une fois cet avantage acquis il faut assumer son risque totalement.

Malgré tout, l'actionnariat salarié fait encore peur. On entend : « Vous mettez tous vos œufs dans le même panier ! Si ça va mal, vous perdez à la fois votre travail et votre capital. » Notre vision est que le profit est précisément légitimé… par le risque pris par l'actionnaire. Le risque justifie et ennoblit le profit, il faut en accepter un minimum, le ressort de l'actionnariat salarié est précisément là ! Après tout, si on ne veut pas prendre de risque, on est libre de le faire, mais alors on oublie la participation au profit.

L'actionnariat salarié n'est pas développé comme il le devrait en France, mais je pense, quant à moi, qu'on y viendra !

Actionnariat, fidélité et durée

L'actionnariat salarié est le premier actionnaire d'Essilor, avec 15 % des droits de vote. C'est l'actionnaire le plus légitime parce qu'il est là depuis le début et est resté fidèle dans tous les moments difficiles. Il assure, même s'il n'est plus majoritaire aujourd'hui, la continuité et le contrôle du groupe.

Sans actionnariat salarié actif et sans ses retraités fidèles, le groupe aurait pu être acheté par des fonds qui en auraient tiré profit, mais l'auraient abîmé. Il aurait probablement perdu son âme, il n'aurait pas atteint la taille qu'il a actuellement, car les gens ne se seraient pas engagés comme ils l'ont fait. Il n'aurait pas fait les investissements audacieux que nous avons entrepris. L'actionnariat salarié, par la motivation, par l'appui donné au *management* – quatre générations de PDG en quarante ans ! –, par la durée d'action qu'il leur accorde, est la raison de la bonne ambiance, de la bonne marche de l'entreprise et de ses conquêtes tout au long de son histoire.

C'est pour cela qu'il faut récompenser la fidélité.

Là encore, on rencontre un autre obstacle : le marché financier lui-même !

Le marché n'est actuellement pas favorable au principe de donner des avantages aux actionnaires fidèles, sous forme de droits de vote double ou de dividendes majorés. Dès que l'on va dans cette direction, on se heurte au vote hostile des Assemblées Générales.

La fidélité devrait pourtant être récompensée d'une manière ou d'une autre parce qu'elle seule permet de construire. Comment développer des stratégies à long terme quand le capital peut partir à tout moment ? Je suis complètement en faveur de la fluidité du capital, la bourse est une invention extraordinaire, et l'un de ses attraits est précisément la fluidité. C'est grâce à elle et à la facilité avec laquelle on achète et on vend une action que l'on peut rapprocher l'offre de capital et la demande d'investissement. Mais la fluidité n'est pas incompatible avec la récompense de la fidélité, tout est affaire de mesure.

Droits de vote doubles et dividendes doubles pour des actionnaires gardant leurs actions plus de cinq ou dix ans, c'est un tout petit déplacement de pouvoir et d'argent qui serait à mes yeux un grand bien pour tous ! Comment pouvons-nous mener des stratégies de long terme avec un actionnariat en majorité orienté vers le court terme ?

Le pouvoir politique pourrait lui aussi encourager la fidélité en dispensant d'impôt (plus-value, ISF) tous les actionnaires qui ont conservé leurs actions suffisamment longtemps. Ce serait un autre signe fort en faveur de l'actionnariat salarié et du partage de la valeur ajoutée, cela stabiliserait le contrôle des entreprises.

Tous propriétaires

Chaque homme, où qu'il soit dans la société, doit être bénéficiaire des fruits de son travail et doit pouvoir se constituer un capital, même petit.

Ne pas reconnaître cette réalité simple est une atteinte à la personne. La propriété, même modeste, apporte un sentiment de dignité et de sécurité qui adoucit les mœurs.

Quand on n'a rien, quand on vit au jour le jour, la plus petite prise de risque est un problème. L'une des plus grandes vertus de la propriété est de permettre à chacun d'oser un peu plus.

Or la prise de risque est source de progrès pour les personnes. Pour qui a du capital, la flexibilité, nécessaire au bon fonctionnement de la société dans la période actuelle, devient beaucoup plus facile. La peur du changement disparaît, laissant place à la confiance.

La propriété est assurément le chemin le plus sûr vers la confiance.

« LES SALARIÉS ACTIONNAIRES ONT LE POUVOIR D'AGIR ! »

Aicha Mokdahi, présidente de Valoptec, association des actionnaires salariés d'Essilor, expose le rôle fondamental de cette association dans la vie quotidienne d'Essilor et dans le succès du groupe.

LAURENT ACHARIAN. – *Comment fonctionne Valoptec ?*
AICHA MOKDAHI. – Nous avons un conseil d'administration composé de seize membres issus de toutes les catégories professionnelles de l'entreprise et des retraités bien sûr. Parmi ces membres, huit représentent les catégories (agents de maîtrise, cadres, retraités), les autres sont des représentants des régions (États-Unis, Canada, Europe et Asie). Le conseil désigne son président, qui doit être localisé en région parisienne afin d'être à proximité de la direction générale du groupe. Aujourd'hui, on assiste à une internationalisation de Valoptec mais aussi à un poids croissant des retraités. Neuf pour cent des retraités d'Essilor détiennent ainsi 52 % du capital de l'actionnariat salarié. C'est dire combien les retraités restent fidèles en laissant leur épargne intouchée et continuent ainsi à participer aux décisions.

Quel est le rôle de cette association dans la vie de la société ?
Valoptec est le principal actionnaire d'Essilor. Près de 5 000 collaborateurs de notre groupe qui en compte 34 000 détiennent par ce biais 6,2 % du capital et 13 % des droits de vote. Aucune décision stratégique ne peut donc se prendre sans notre consultation et aval.

Nous intervenons à différents niveaux. Tout d'abord, trois membres du Conseil d'administration de Valoptec sont également membres du Conseil d'administration d'Essilor. Le premier Chinois administrateur d'une société du CAC 40 l'est grâce à Valoptec ! C'est aussi grâce à Valoptec qu'une femme de plus – moi-même en l'occurrence – a intégré ce conseil d'administration.

Par ailleurs, le Conseil d'administration de l'association se réunit tous les deux mois. À chacune de ces réunions, Hubert Sagnières, le DG d'Essilor vient présenter la marche de l'entreprise et fait le point sur la stratégie, les acquisitions en cours et les dossiers importants du moment.

En outre, l'Assemblée Générale de l'association se tient tous les six mois. Dans ce cadre, nous procédons une fois par an à un vote de confiance de la direction générale (vote sur la stratégie et la politique des ressources humaines) et nous votons aussi l'ensemble des résolutions qui sont votées quelques jours plus tard en Assemblée Générale Essilor annuelle. Chacun vote à l'aide d'un boîtier électronique, et les résultats tombent en trente secondes !

Quels sont les impacts sur la gouvernance du groupe ?

Les salariés actionnaires sont partie prenante de la gouvernance, et cela leur confère une grande confiance et une responsabilité à l'égard de la marche de l'entreprise.

C'est absolument fondamental dans le comportement des salariés. Une blague circule chez Essilor : « Comment savoir si un salarié est membre de Valoptec ? C'est celui qui éteint la lumière de son bureau en partant le soir. »

Les salariés de Valoptec ont en fait le pouvoir d'agir. Ils accompagnent la direction générale dans ses décisions et la pousse à expliquer ce qu'elle fait. Cela a été le cas notamment lors de l'acquisition de FGX International en mars dernier dont le cœur de métier n'est pas le verre ophtalmique. Nous sommes de vrais partenaires de la direction générale et veillons à l'intérêt général de la société.

Comment vous positionnez-vous par rapport aux syndicats ?

Nous sommes complémentaires. Valoptec veille à la pérennité de la société et à sa croissance. Nous sommes là pour mettre de l'huile dans les rouages. Nous défendons les intérêts des actionnaires salariés. Nous sommes toujours dans la discussion plus que dans la confrontation.

Mais attention, nous savons nous faire entendre. Valoptec s'est par exemple opposé à la fermeture d'une filiale et d'une entité de production. Avec succès ! Le dialogue est permanent, c'est ce qui crée le climat de confiance.

Concrètement, cet actionnariat est-il vraiment intéressant pour le salarié ?

Au cours des dernières années, je ne connais pas de meilleur placement financier que l'actionnariat salarié pour un collaborateur d'Essilor ! Deux exemples. Un collaborateur me racontait qu'il avait acheté une maison en région parisienne en 2000. Cela faisait vingt ans qu'il était actionnaire salarié d'Essilor. Entre la progression du cours de Bourse et l'abondement de l'entreprise, il a vu sa mise multipliée par cinq sur la période. Certains agents de maîtrise sont multi-propriétaires grâce à ce système, ce qui leur permet de construire leur retraite.

Les salariés peuvent consacrer jusqu'à 25 % de leur salaire à Valoptec. Ils sont nombreux à verser chaque mois des montants significatifs.

Est-ce un modèle d'avenir ?

Nous sommes régulièrement consultés par d'autres grandes sociétés sur ce sujet, mais cela me semble difficile à dupliquer. Ce modèle est en effet le fruit de notre histoire coopérative.

Chez Essilor en revanche, ce modèle a un très bel avenir, puisque le nouveau DG souhaite que, dans les dix ans qui viennent, Valoptec atteigne 20 % des droits de vote contre 14 % aujourd'hui. Il a en effet bien compris que c'était la meilleure façon d'impliquer les salariés, de protéger le capital de la société et le devoir de transmission de ce modèle qui fait d'Essilor un groupe unique.

PARTIE V

UN ÉTAT EN CONCURRENCE

« MON FILS, SURTOUT PAS ! »

Le capital mis à risque

La tradition au MEDEF voulait que le président rencontre régulièrement des philosophes, des autorités religieuses, des artistes et des intellectuels. Cela faisait partie des us et coutumes.

Ernest-Antoine Seillière, alors président du MEDEF, m'a plusieurs fois invité quand il recevait la conférence épiscopale au MEDEF. Cette rencontre prenait en général la forme d'un dîner convivial sans aucun ordre du jour, et la discussion était toujours enjouée et passionnante.

Nous décryptions ensemble l'actualité à l'apéritif, la discussion, une fois lancée, prenait toujours des tours imprévus et était pour nous, entrepreneurs, extraordinairement éclairante.

Quoi qu'en disent certains de ses membres, plutôt proches de la gauche, l'Église catholique, en mettant au cœur de sa doctrine la dimension divine de chaque personne humaine, a contribué à faire avancer les idées qui, plus tard, ont fait émerger l'économie de marché.

Ce n'est d'ailleurs pas un hasard si l'Europe, première terre chrétienne au monde, a été le lieu de démarrage de l'économie de marché, le ferment de l'initiative individuelle était là. Le confucianisme, par exemple, n'avait pas la même vision de la personne humaine, il donnait beaucoup d'importance à l'obéissance, la tradition et l'État incarné par l'empereur ; et c'est un fait que l'économie de marché n'a commencé que beaucoup plus tard dans les pays qu'il influençait.

Approuvant et appréciant ces contacts avec les évêques de France, j'étais toujours très heureux de participer à ces rencontres.

Un soir, la discussion piétinait, pourtant nous n'en étions pas à notre première rencontre. Nous étions avec Ernest-Antoine d'excellente humeur, mais rien n'y faisait : les évêques étaient soucieux.

Le dîner offert par le MEDEF n'avait rien d'ostentatoire, ce ne pouvait être cela qui les gênait.

J'en suis même venu à me demander s'il n'y avait pas un très grave problème qu'ils ne pouvaient pas nous révéler. Au bout d'un quart d'heure, je leur ai demandé les sujets évoqués lors de leur journée.

« Monsieur Fontanet, nous avons travaillé toute la journée sur la pauvreté. Pourquoi y a-t-il tant de pauvres en France ? Ce phénomène prend énormément d'ampleur actuellement, vous devez bien le voir autour de vous », m'explique alors un évêque.

Là, j'ai compris : « C'est une vraie question, qui touche chacun de nous, et il est normal que nous soyons, entrepreneurs, très sensibles au sujet. »

J'étais au fond de moi content de comprendre la raison de la gêne initiale, mais je ne savais pas quel angle choisir pour aborder le sujet de notre point de vue. Soudain une mouche me piqua. Connaissant le sens de l'humour d'Ernest-Antoine, je lui dis : « Ernest-Antoine, vends toutes tes affaires, donne tout à l'église, tu seras en meilleure posture le jour du jugement dernier ! »

Ernest-Antoine me répond en substance : « Brillante idée, Xavier ! Cela tombe bien, je commence à en avoir assez. J'aspire à passer enfin du temps en famille. Mais il y a quand même un problème : si je fais cela, 40 000 personnes risquent de perdre leur *job* ! »

Réaction immédiate d'un de nos invités : « Mon fils, surtout pas ! »

Ce qui m'a le plus frappé, c'était le « Mon fils ! » et la vivacité de la réponse.

La soirée avait démarré !

Cette réaction spontanée est chargée de sens pour nous entrepreneurs. C'est au fond un formidable encouragement auquel nous sommes extrêmement sensibles, parce que notre invité était en train de nous dire que « la richesse qui fait travailler, il ne faut pas s'en séparer. Cette richesse est une valeur pour toute la société. S'il y a une bonne et une mauvaise richesse, celle de l'entrepreneur qui développe son entreprise et crée des emplois est plutôt du côté de la bonne ! »

Quand on réfléchit bien à l'économie et que l'on a compris que le premier acte de l'économie est la vente, l'échange entre deux personnes libres, la façon dont on perçoit le marché est totalement modifiée. L'entreprise n'existe derrière l'échange que pour rendre service, l'entreprise est en quelque sorte un serviteur.

On a tellement « diabolisé » le profit que l'on ne peut plus en parler objectivement. Pourtant, sans en comprendre la nature profonde, sans comprendre où sont le bon et le mauvais profit, on sera incapable de vivre harmonieusement ensemble et on passera à côté d'une fabuleuse opportunité : celle de l'ouverture au monde.

Le profit peut être décrit comme le résultat du service que l'entreprise rend à son client. Le profit est, en fait, la récompense donnée par le client à son fournisseur.

Allons un peu plus loin : la capitalisation d'une entreprise – actualisation des profits futurs, valeur en Bourse du profit, somme qu'il faut débourser pour acquérir l'entreprise, évaluation de la richesse de son ou de ses propriétaires – mesure le service rendu à tous ses clients dans le monde.

Si Bill Gates est l'homme le plus riche du monde, ce n'est pas parce qu'il est celui qui a su le mieux exploiter les programmeurs, c'est parce que le système d'exploitation Windows, qu'il a créé, qu'il a su développer partout dans le monde, a rendu à l'humanité un service immense.

C'est à lui que l'on doit tous les programmes informatiques de base quotidiennement utilisés, c'est encore à lui que l'on doit de communiquer par mails. Il y a là une révolution aussi importante que l'a été à son époque l'imprimerie. Après qu'il a bâti sa fortune, ce qu'il a fait en créant sa fondation est évidemment une bonne chose. Mais en créant et en développant son entreprise, partout dans le monde, il a fait, aussi, énormément de bien.

On peut en dire autant de la très grande majorité des entreprises cotées. La capitalisation est une forme de mesure du service rendu.

On peut aussi voir le capital sous un autre angle. Le capital permet l'emploi, c'est d'ailleurs ce qui a provoqué l'exclamation de l'évêque : « Mon fils, surtout pas ! »

Au fil des années, les métiers deviennent tous de plus en plus lourds en capital, car il faut financer machines, stocks et fonds de roulement. C'est l'effet naturel du progrès, de l'échelle et de la technologie. C'est principalement ce qui permet de baisser les coûts et les prix et donc de vendre au plus grand nombre. Sans capital une entreprise ne peut pas fonctionner et encore moins croître.

L'idée que le capital est nécessaire au travail n'est pas suffisamment connue et assimilée par nos compatriotes. Le mot « capital » est chargé d'affect, on n'y réfléchit pas assez.

Qui peut imaginer que chez Essilor, par exemple, il faut à peu près 300 000 euros de capital par emploi ? Nous utilisons des machines-outils très coûteuses, et nos verres sont un concentré d'informations, c'est-à-dire de puissance informatique. Leur fabrication demande d'énormes ordinateurs, et la logistique nécessaire à leur production est très complexe, car il faut suivre chaque jour des millions de verres, très souvent conçus à l'unité, transitant par des centaines d'usines et de magasins de stockage. On oublie trop l'importance du capital investi par l'entrepreneur pour financer un emploi.

Or, dans les économies modernes hyperconcurrentielles, personne n'est jamais assuré de la rentabilité du capital.

Risquer son capital ne coule pas de source.

Sans disposer dans sa population d'individus prêts à risquer leur argent, c'est-à-dire prêts à le perdre s'il est mal investi, un pays aura du mal à garder ses emplois. Tout le monde en convient, mais il n'est pas inutile de le rappeler. Le risque pris ennoblit en quelque sorte le capital. C'est d'ailleurs le sens profond de la parabole des talents (dans l'Évangile), qu'il faudrait rebaptiser parabole de l'investissement... ou mieux parabole de l'entrepreneur !

Quand on lit les encycliques des papes Léon XIII et Jean-Paul II (respectivement *Rerum Novarum* et *Centesimus annus*), on constate qu'ils défendent avec vigueur l'économie de marché, à condition qu'elle soit au service de l'homme. Ils admettent la réalité de la concurrence qui garantit que l'économie reste au service du consommateur. Cette dernière est nécessaire, car elle empêche les monopoles, qui créent une domination du producteur sur le client et tuent le concept même d'échange libre.

L'État providence et la pauvreté

La pauvreté est un sujet douloureux et horriblement délicat, dont on ne peut discuter qu'avec beaucoup de prudence et de pudeur. Surtout lorsque l'on est entrepreneur et que l'on appartient à la frange de la population qui gagne le mieux sa vie. Il n'empêche que ce sont des sujets sur lesquels les chefs d'entreprise doivent donner leur point de vue.

La conversation avec les évêques a jeté une lumière intéressante sur le sujet. La richesse que l'on risque, même si elle est importante, n'est pas responsable de la pauvreté ! C'est même le contraire puisque c'est elle qui permet le travail !

Dans une société prospère, il est absolument évident qu'il faut mettre de côté une certaine somme, que les politiques doivent évaluer. Cette somme doit servir à aider les accidentés de la vie. C'est une affaire qui ne se discute pas. On peut en discuter le niveau, mais pas le principe. C'est la conviction profonde des entrepreneurs.

Mais il faut faire attention, et c'est la responsabilité des politiques de veiller à ne pas aller trop loin, c'est-à-dire à ne pas dissuader par des aides excessives certaines personnes de rechercher activement du travail pour se mettre en situation d'assistés alors qu'elles pourraient travailler. Il faut veiller à ne pas déclencher par les aides des mécanismes pervers qui, en s'accentuant, mettent en danger l'équilibre de la société tout entière, comme les fameuses « trappes à chômage ». Pourquoi travailler quand ce que vous verse l'État avoisine ce que vous gagneriez en vous levant chaque matin pour aller au travail.

En France, nous avons semble-t-il franchi la limite depuis un moment déjà. D'autres pays donnent une assistance, mais demandent en échange au bénéficiaire d'accomplir une tâche d'intérêt général.

Si l'entreprise n'est pas la cause de la pauvreté, quelle peut bien alors en être la cause ?

Et si… un État pas assez productif, trop « taxeur », trop répartiteur, avait sa part de responsabilité dans la pauvreté ? Oui, nos entreprises paient beaucoup trop d'impôts, et beaucoup trop de charges. Elles ont de ce fait du mal à exporter. Nous qui travaillons partout dans le monde, nous pouvons dire que les impôts et les transferts sont beaucoup plus élevés ici qu'ailleurs. Qui paie tout cela ? Ce sont les gens que l'on ne peut pas embaucher, parce que notre tissu économique est trop cher. Il faut bien prendre conscience du fait que la France est l'un des pays ou la sphère publique est, avec 56 % du PIB, l'une des plus développées au monde. Chez notre voisin, l'Allemagne, la sphère publique, qui a à peu près le même périmètre que la nôtre, pèse environ 9 % de moins en part du PIB et les Allemands ont décidé de faire d'énormes économies…

C'est tout le problème de l'État-providence ! Au passage, j'en veux à l'Église de s'être fait dérober par l'État le mot providence qui lui appartient ! Son utilisation fait croire aux citoyens que l'argent de l'État vient du Ciel, qu'il existe indépendamment de l'impôt alors que l'argent de l'État est en fait le leur ! Encore une histoire de mots détournés de leur sens...

La lecture attentive des encycliques révèle que les papes ont toujours été très prudents vis-à-vis de l'État-providence, en particulier Jean-Paul II, un grand homme, qui a connu et subi, pendant la plus grande partie de sa vie, les limites d'un État voulant s'occuper de tout. D'un État qui, à vouloir trop aider, finit par créer des systèmes tuant la responsabilité individuelle et détruisant la société elle-même.

Cette conversation avec les évêques date de quelques années. L'État-providence est un mirage qui s'effondrera sous son poids. On se rapproche semble-t-il à grands pas de ce moment.

ALAIN JUPPÉ

« Xavier, vous ne défendez que des intérêts particuliers, moi je défends l'intérêt général ! »

C'était il y a sept ou huit ans. On m'avait sollicité pour faire un exposé lors d'un colloque, organisé par le MEDEF, dont Alain Juppé était l'invité d'honneur.

Après avoir brossé l'histoire d'Essilor pour en montrer le dynamisme international, j'avais partagé avec l'auditoire mon étonnement sur le fait que les entrepreneurs, en France, n'arrivent pas à avoir l'image de gens généreux alors que les entreprises sont, dans la société, les vrais créateurs de valeur.

Je donne ensuite mon sentiment : les entrepreneurs font une erreur tactique et ne se rendent pas compte qu'en parlant trop de résultat, de performance ou encore de part de marché, ils ne peuvent pas être perçus comme des gens généreux. Performance et générosité sont en France deux termes antagonistes. Voilà encore une exception française !

J'explique alors que, la nature ayant horreur du vide, le terrain est occupé par d'autres...

Le terrain de la « générosité » et de l'« aide » est pris à la fois par l'État et par les politiques. Lesquels se gardent bien de citer les entreprises qui permettent ces largesses. C'est un comble, ce n'est pas « leur » argent ni celui de l'État comme ils le disent, c'est le « nôtre » : celui des entreprises bien sûr, mais aussi celui de l'ensemble des contribuables. La fiction de l'argent de l'État ne se retrouve pas beaucoup ailleurs dans le monde, où l'on parle plutôt de l'argent des contribuables. *Your taxes at work*, « vos impôts au travail » : voilà ce qu'on lit en Grande-Bretagne ou aux États-Unis sur les affiches qui décrivent les travaux de voirie.

La gauche en la matière est encore beaucoup plus forte, puisque le registre du cœur lui appartient sans partage.

Je termine mon exposé par un mot personnel en rapportant un dialogue avec ma dernière fille sur les grandes idées de liberté et de fraternité.

« Ma fille Caroline, qui termine une école d'ingénieur, discutait avec moi le mois dernier :

» "Papa, pourquoi avez-vous, vous les patrons, une si mauvaise réputation, je te vois et je connais tes amis patrons. Vous êtes des gens normaux, qu'est-ce qui se passe ?"

» Je lui ai répondu :

» Je trouve comme toi que c'est un peu excessif. Il y a certes des gens qui se sont mal comportés, mais nous ne nous reconnaissons pas en eux, et je trouve injuste que l'on jette l'opprobre sur tous les patrons.

» Cela étant dit, nous nous y prenons peut-être mal dans notre communication. Nous sommes peut-être trop idéalistes dans nos demandes. Par exemple, nous demandons avant tout à l'État de nous libérer de la bureaucratie et de défendre la liberté d'entreprendre. Nous le faisons, car nous croyons qu'elle est le creuset de l'initiative individuelle. Nous pensons qu'une fois l'initiative individuelle réellement libérée l'économie a un tel dynamisme que tout le monde (employeurs et employés) y gagnera et que l'intervention de l'État pour répartir ne sera plus nécessaire. Nous ne sommes pas des gens qui vont demander à l'État de répartir la richesse, c'est peut-être pour cela que nous ne passons pas pour des gens généreux.

» Je pense par exemple – c'est une image – que ce n'est ni à l'État ni au gouvernement de distribuer du chocolat aux enfants à l'école. Ce n'est pas pour cela que je pense qu'il ne faut pas que les enfants mangent du chocolat. Si l'État distribue du chocolat aux enfants, il a bien fallu qu'il prélève la somme par l'impôt auparavant. Je préfère que les parents paient moins d'impôt et donnent directement ce chocolat à leurs enfants. Je sais aussi que si les entrepreneurs subissaient moins d'entraves à leurs initiatives ici en France, et que si l'État était moins coûteux, l'économie serait beaucoup plus puissante et les enfants auraient tous du chocolat.

» Caroline, si je continue à travailler dur pour Essilor et pour le MEDEF, c'est pour faire avancer ces idées, pour aider à réconcilier petit à petit la sphère privée et la sphère publique, et pour vous laisser un pays où il fera bon vivre." »

Les chefs d'entreprise présents applaudissent à tout rompre.

Lors du cocktail qui suit ce colloque, je suis abordé par Alain Juppé, intéressé par le développement d'Essilor et peut-être aussi interloqué par les applaudissements du public qui ont suivi mon intervention : « Xavier, c'est très bien ce que vous faites avec Essilor, mais vous ne défendez que des intérêts particuliers. Moi, je défends l'intérêt général. »

J'avoue, je suis tombé des nues. Je n'avais jamais pensé, dans mon travail « défendre des intérêts particuliers ». Je cherche avant tout à m'assurer qu'il y a une bonne ambiance de travail, je sais que cela passe d'abord par une bonne stratégie et une grande attention à toutes les personnes. Mon souci, ce sont les clients, les comptes, les négociations d'acquisition et de *joint venture*, c'est de m'assurer que chacun respecte bien les lois. Le reste arrive un peu comme une récompense : le bonheur à travailler des collaborateurs, la bonne image de l'entreprise, le sentiment d'être utile, la satisfaction des investisseurs, le bon cours de bourse, etc.

J'étais à la fois surpris et inquiet, car je dois avouer que je n'ai pas d'emblée bien compris la remarque. Elle m'a rendu tellement perplexe que je ne me souviens même plus de ce que j'ai répondu. Cela ne devait pas être très percutant. Par contre, cela m'a trotté ensuite dans la tête et m'a fait réfléchir.

Concurrence et intérêt particulier, les montres suisses et japonaises

Il est vrai que, en un sens, nous défendons des intérêts particuliers, ceux des actionnaires d'Essilor. Mais je n'ai pas du tout l'impression que nous le faisons aux dépens de l'intérêt général, parce que la concurrence nous contrôle en permanence. D'une certaine façon, M. Juppé a raison, mais ce qui n'est pas dit, c'est que nous le faisons dans un contexte concurrentiel, et cela n'est pas anodin !

On aime en France la concurrence quand elle se cantonne au stade ou au supermarché, où elle permet la comparaison. On ne l'aime pas lorsqu'elle s'applique à soi-même en tant que salarié et qu'elle invite à une remise en cause permanente.

Aux États-Unis, la concurrence est au centre de tous les raisonnements, elle est naturellement perçue comme une valeur positive, comme un facteur de brassage, c'est un autre nom que les Américains donnent à la liberté. Quant au Japon, où il n'y a aucune matière première, il se sait entouré de géants. On apprend dès le plus jeune âge que, pour survivre, il faudra faire mieux que ses concurrents sur les marchés étrangers. Ce n'est pas le cas en France où la concurrence évoque la loi du plus fort, le *stress*. Bref, une source d'inégalité inacceptable !

Pourtant la concurrence a de nombreuses vertus cachées qui sont, sans qu'on le sache, à notre service.

Réfléchissez un instant à l'industrie des montres. Depuis l'affaire Lip, la France est complètement sortie de cette industrie, et donc aucun Français n'y participe plus. Pourtant, tout le monde s'accorde à dire que les progrès de ce secteur sont remarquables, qu'il s'agisse des montres haut de gamme ou des montres grand public. Sur ce dernier créneau, celui qui concerne la plupart d'entre nous, les prix se sont littéralement effondrés. La fiabilité d'une montre qui coûte 30 euros est meilleure que celle des montres les plus chères d'il y a seulement vingt ans. Toutes ces montres vont sous l'eau. Nous, consommateurs français, avons profité du dynamisme de cette industrie depuis l'arrêt de Lip. Pourtant nous n'avons pas participé au processus d'amélioration, sinon en faisant jouer notre pouvoir de consommateur chaque fois que nous en avons acheté une !

Magnifique solidarité spontanée provoquée par le mécanisme du marché !

Mais d'où viennent toutes ces améliorations sinon de la concurrence incessante qui a opposé pendant les trente dernières années les Japonais aux Suisses ? Cette concurrence a systématiquement et presque immédiatement transféré les avancées technologiques des fabricants de montres au consommateur. Celui-ci n'a plus qu'à comparer avant d'acheter.

Cette concurrence, quand vous la vivez de l'intérieur, vous oblige à être constamment sur vos gardes. Un client n'est jamais acquis pour toujours, il faut supprimer les coûts inutiles, innover, produire toujours moins cher. Chacun est dans sa propre vie à la fois producteur et consommateur. Les inconvénients subis par le producteur – qui est en chacun de nous – sont au même moment équilibrés par les bénéfices que retire le consommateur (qui est aussi en chacun de nous) !

Les fabricants de montres japonais défendent leurs intérêts particuliers, soit, mais il y a des contre-pouvoirs en face : la concurrence des fabricants suisses et la liberté du client, deux facteurs qui veillent quotidiennement à ce que cela se fasse dans le respect des autres intérêts !

Bien sûr, on peut rêver d'une société où chacun ne penserait qu'à l'intérêt général, d'une société sans concurrence et sans intérêt particulier, mais l'enfer est souvent pavé de bonnes intentions, et on sait où ont mené tous ces rêves ! Force est de constater que, quand vous les mettez ensemble, concurrence et intérêt particulier se bonifient mutuellement. La concurrence contrôle l'intérêt particulier et le fait en quelque sorte travailler à l'intérêt général.

Monopole et intérêt général

La décision de donner le monopole d'un service à l'État, sous prétexte d'intérêt général, est une décision très lourde de conséquences, car elle est très difficilement réversible et modifie le système de contrôle des ressources.

En effet l'ensemble des services publics sont délivrés à prix nul ; ils ont un coût global, l'impôt, que l'usager paie une fois par an ; le prix du service n'est pas individualisé, il fait partie d'un ensemble.

La concurrence est dès lors par construction rayée de la carte (qui peut se permettre d'opérer quand il n'y a pas de recette ?) ; le contrôle de l'usager par le biais de la concurrence n'existe plus. C'est par son bulletin de vote, tous les cinq ans, qu'il peut manifester son mécontentement ou son contentement et ce, de façon globale.

Pour toutes les fonctions régaliennes (justice, police, armée, affaires étrangères, administration locale), c'est évidemment le seul système pensable, et le modèle est le même partout dans le monde (c'est d'ailleurs autour de ces fonctions que les premiers États se sont formés). Se nourrir, se loger, se vêtir, se divertir, tous ces besoins sont par contre toujours confiés à la sphère privée, il est rarissime aujourd'hui de les voir dans la sphère publique. Entre les deux on trouve des services (éducation, santé, transport...) qui relèvent, suivant les pays, soit de la sphère privée soit de la sphère publique.

Quand on confie une activité à la sphère publique, on bénéficie instantanément de la position d'un leader local absolu, mais on perd tous les bénéfices d'une segmentation de la clientèle, on perd le contrôle fin des coûts, on ouvre la voie à d'énormes déficits, on se prive de l'effet stimulant de la concurrence et on ne bénéficie plus de l'échelle mondiale. C'est ce qui s'est passé avec la sécurité sociale (lire le texte prémonitoire de F. Bastiat sur les mutuelles[12]). En cette période où la sphère privée dépasse les frontières, c'est une énorme limite qu'a la sphère publique. Si l'on y réfléchit bien et si l'on est réaliste, la mondialisation demande de remettre à plat la répartition des activités entre les deux sphères.

Enfin (et surtout !), le vrai risque couru par toute la société est celui de voir les organisations se mettre au service de ceux qui y travaillent au lieu de se mettre au service du client.

Je ne nie pas qu'il y ait des gens qui n'ont pas besoin de la concurrence pour exceller (ils sont nombreux dans la fonction publique). On ne dira jamais assez fort que le domaine régalien, par excellence le domaine de l'État, doit être financé par l'impôt et ne peut être confié au marché.

Mais je sais par expérience que gérer de façon durable des organisations sans le stimulus quotidien de la concurrence n'est pas chose facile. On ne manque actuellement pas d'exemples de dérive.

Si on est un peu objectif, force est de constater que la grande majorité des grèves a lieu dans la sphère publique. C'est très facile, il n'y a pas de concurrence, on est sûr de prendre l'usager en otage, puisqu'on est irremplaçable et qu'on peut faire pression sur la direction. Ce qui n'est pas le cas pour une entreprise en concurrence !

Finalement, que vaut-il mieux ? Des organisations servant des intérêts particuliers mais contrôlées par la concurrence et bénéficiant de l'échelle mondiale, ou une organisation à laquelle, sous prétexte de servir l'intérêt général, on a octroyé un monopole permanent dans un seul pays ?

Il faut à mes yeux, en cette période de très grands changements et de difficultés avérées des finances de l'État, se reposer très sérieusement la question.

---

12. Cf. le texte de Bastiat, « Les sociétés de secours », donné en annexe.

Intérêt général, concurrence entre États et reengineering de la sphère publique

En ces temps de mondialisation, l'idée d'une concurrence entre systèmes étatiques est en effet en train d'émerger.

Il est de plus en plus clair que l'efficacité des sphères publiques n'est pas la même selon les pays. Il suffit de voyager pour s'en rendre compte. Cela se constate à la croissance des pays, à la pression fiscale et à l'équilibre financier. On est forcément intrigué quand on compare les performances d'un petit pays comme Singapour – 400 milliards de dollars de *cash* pour quatre millions d'habitants et un des taux d'imposition les plus bas du monde – avec celles de la France dont la fiscalité est parmi les plus élevées du monde, qui a une dette de 1 500 milliards d'euros et qui a quinze fois plus d'habitants.

La différence est phénoménale. La France devrait avoir, si on applique les normes singapouriennes, 6 000 milliards de *cash* au lieu de 1 500 milliards d'euros de dettes. La différence est de 150 000 dollars par personne, soit trois ans de PIB français par tête ! Cette différence ne peut être imputée aux entreprises, puisque l'on retrouve les mêmes entreprises en France et à Singapour ! Il faut vraisemblablement que notre sphère publique et nos politiques fassent de l'analyse comparée !

La comparaison à l'échelle mondiale, la mise en concurrence implicite qu'elle provoque, concerne désormais les sphères publiques. Elles ne sont plus des remparts, comme on l'a longtemps prétendu. Les sphères publiques sont dans le grand bain comme les entreprises.

Elles peuvent freiner et doper les entreprises par leur action dans le cadre notamment des politiques industrielles. Ces politiques industrielles ont sûrement des effets positifs, mais il ne faut pas oublier qu'elles sont financées par l'impôt, ce qui revient donc à un simple déplacement des ressources. En effet, l'investissement vient soit de l'impôt qui prive de ressources un autre acteur, soit de la dette qui revient à emprunter aux enfants[13].

Il faut aussi parler de tous les systèmes juridiques, des lois sur le commerce, du droit du travail, du droit de la concurrence, qui sont

---

13. Cf. le texte de Bastiat, « Funeste remède », donné en annexe.

des facteurs d'efficacité ou d'inefficacité considérables quand une entreprise opère sur un sol.

Il est de la responsabilité des hommes politiques de chaque pays de s'assurer que les sphères publiques sont dans la course en gardant évidemment leurs spécificités. On voit au fil des ans les pays, les uns après les autres, se pencher sur leur organisation et leurs coûts, et ces *reengineering* changent considérablement les choses. Le Canada et la Nouvelle-Zélande ont complètement modifié leur profil de croissance et d'équilibre financier. Personne ne peut le contester. J'y reviendrai.

Au fond, j'en suis venu, à la fin de mes réflexions sur le commentaire de M. Juppé suivant mon intervention au MEDEF, à me demander si l'intérêt général du pays ne commanderait pas tout simplement à la sphère publique de rentrer elle-même très sérieusement dans un processus de remise à plat, pour voir si son organisation est bien adaptée au monde qui vient.

LES CINQ PÉPITES

Les entreprises sont quotidiennement confrontées au problème de la compétitivité et se réforment constamment. Les entreprises peuvent faire faillite, et cette perspective est un puissant ressort de remise en cause. L'adaptation est, pour elles et la sphère privée, un phénomène naturel.

Pour la sphère publique, la non-compétitivité met beaucoup plus de temps à se révéler, parce que l'endettement a permis, depuis la mort du président Pompidou, de renvoyer le problème au lendemain. Il faut se souvenir que le général De Gaulle et le président Pompidou avaient ramené la dette du pays pratiquement à zéro et qu'à leur époque le budget était à l'équilibre.

La crise financière grecque est un (salutaire) électrochoc. On pensait, jusqu'ici, qu'un État ne pouvait pas faire faillite. On sait désormais que c'est possible ! Tout le monde semble à présent convaincu que notre sphère publique doit se réformer. On entend de moins en moins les raisonnements expliquant que le déficit public est de la responsabilité de l'économie de marché, des entreprises, et que c'est en les taxant que l'on s'en sortira. On commence à comprendre que, si l'État ne se réforme pas, toute la société va sombrer.

On commence à comprendre aussi qu'on ne pourra pas avoir d'entreprises en bonne santé sans une sphère publique efficace et compétitive. La mondialisation concerne tout un chacun où qu'il soit dans la société.

En tant que citoyen, j'ai toujours été furieux des déficits budgétaires de gauche comme de droite, d'autant qu'ils sont minorés puisqu'on les présente par rapport au PIB et non par rapport aux recettes fiscales (aujourd'hui on est autour de 20 % à 25 % de pertes sur recettes... c'est à peine croyable, mais ce sont les faits !). Ceci est d'autant plus inacceptable que quoi qu'on en dise les impôts en France sont parmi les plus élevés du monde.

Pour moi un déficit qui dure est le signe d'une erreur. On a trop dépensé pour un produit ou pour un service donné. On peut avoir un déficit quelque temps, le temps de régler un problème. Certainement pas pendant trente ans ! Ceux qui sont en politique depuis trente ans, de gauche comme de droite, devraient se sentir responsables tout de même ! Pourquoi cela serait-il de la faute des entreprises ?

Je n'aime pas la dette, sauf la dette façon Bénéteau en 1976 ou façon Essilor en 2000. Bref, une dette qui sert, un temps, à accélérer une stratégie ou à résoudre un problème de capital, et que l'on rembourse, une fois la situation assainie, toutes affaires cessantes.

Je n'ai jamais aimé l'expression « l'argent de l'État », parce qu'elle laisse à penser qu'il est sans limite. En fait c'est nous qui le lui avons confié, à lui et au monde politique, parce qu'il nous a été prélevé par l'impôt. L'argent de l'État c'est notre argent !

Je sais la difficulté de payer, dans des métiers totalement mondialisés, des salaires en France et de gagner de l'argent dans un univers concurrentiel. J'ose espérer que tout le monde l'a bien compris !

Je paie volontiers l'impôt si je sens que l'argent est bien employé.

Les dirigeants politiques et ceux de la sphère publique doivent prendre en main ce problème majeur de notre pays qu'avait déjà souligné le président de la BNP Paribas, Michel Pébereau, dans son rapport « Des finances publiques au service de notre avenir ». S'ils ne le font pas, le FMI s'en chargera, et j'ai vu les dommages qui s'ensuivent, notamment en Argentine, c'est terrible.

J'espère que le monde politique a compris que la chute de la France dans les classements des pays en fonction du PIB par tête (recul d'environ une place par an depuis trente ans !) coïncide avec le début de son endettement en 1974. Il y a tout un faisceau de preuves qui indique que l'intervention de l'État au-delà du domaine régalien et l'endettement qui en a résulté ont considérablement freiné le pays.

Ce qui suit, ce sont les remarques d'un citoyen français observateur des autres pays. Mes quarante années de voyages autour de la planète – j'ai fait 500 000 kilomètres en moyenne par an ! – m'ont permis d'assister de très près à des réformes dont nous pourrions utilement nous inspirer : le rebond de la Grande-Bretagne de Margaret Thatcher, celui des États-Unis de Ronald Reagan, la chute de l'Argentine de Carlos Menem, la remontée du Canada de Jean Chrétien, le renouveau de la Nouvelle-Zélande de Roger Douglas, la phénoménale croissance du Singapour de Lee Kuan Yew.

Aussi, sur le mode de la suggestion que me commande mon attachement à mon pays, je voudrais donner quelques pistes de progrès fondées sur des transformations que j'ai pu percevoir tout autour du monde ont eu un effet bénéfique, les citoyens de ces pays en sont fiers et elles leur permettent aujourd'hui de voir beaucoup plus sereinement leur avenir.

Quand on parle des vertus qu'il y a à s'ouvrir au monde, les Français mettent toujours en avant ce qu'ils appellent leur spécificité : « Nous, c'est différent ! » Il y aurait en somme, et dans tous les domaines, une exception française. Ce comportement m'a toujours surpris, au vu notamment de la richesse des cultures que j'ai pu côtoyer et dans lesquelles j'ai toujours trouvé de précieux enseignements.

Contrairement à nous les Américains et les Asiatiques, dès qu'ils observent une différence, se disent qu'il y a une idée à prendre. Les Américains voient systématiquement un progrès, pas une perte, dans tout changement. Les Asiatiques sont fondamentalement curieux. L'imitation est pour eux une forme de respect.

Aussi, au fil des ans, je me suis mis à faire comme eux, et j'ai trouvé dans l'analyse comparée une bonne méthode pour apprendre à se connaître soi-même et une formidable source de créativité.

Soyons clair : je considère notre prétendue exception française comme une forme d'arrogance, qu'il nous faut vite abandonner si nous ne souhaitons pas subir de très sérieuses déconvenues.

La recherche des meilleures pratiques chez nos concurrents a été un ressort d'Essilor. En tant que citoyen, j'observe aussi des exemples de réformes très réussies dans certains pays, et je me dis que la France aurait tort de ne pas s'y intéresser.

Le Canada et la réforme de la sphère publique

Nous avons au Canada une magnifique filiale qui a connu une des croissances les plus régulières de toutes celles du groupe. C'est au Canada que nous avions très tôt testé les stratégies d'achat et d'intégration de laboratoires que nous avons par la suite déployées aux États-Unis, puis dans le reste du monde. Le Canada est une des têtes chercheuses du groupe. La société civile y est jeune, dynamique, mobile. La culture de pionnier est toujours très ancrée dans l'imaginaire local. Nous avons été témoins de la réforme entamée au début des années 1990.

Cela fait à peu près quinze ans que je parle en France du formidable retournement qui s'y est opéré. Je dois constater que les esprits commencent à s'ouvrir. C'est bien tard, mais cela bouge.

La réforme entamée par Jean Chrétien en 1993 a été d'une ampleur incroyable. Quand on parle au Canada de contrôle de la sphère publique, on ne parle pas de stabilité des dépenses – comme ici – mais de baisse de 18,9 % des dépenses fédérales en trois ans. Cela va bien au-delà de la rigueur dont on nous parle aujourd'hui pour notre pays.

Pour moi, l'enseignement le plus intéressant est qu'aucune des catastrophes que prédisent certains de nos économistes – effondrement de la croissance, tensions sociales – ne s'est produite. Peut-être le Canada a-t-il eu un peu de chance (bonne conjoncture, chute de sa monnaie). Toujours est-il que sa santé aujourd'hui est excellente et que la crise glisse sur lui comme des gouttes d'eau sur les plumes d'un cygne.

Les Canadiens sont à ce titre fiers de ce qu'ils ont accompli et ont beaucoup écrit et publié à ce sujet. Cela va à l'encontre de ce que l'on nous ressasse quotidiennement en France. Non, la rigueur ne tue pas la croissance !

En 1993, la situation est proche de celle que nous connaissons aujourd'hui : la dette flirte avec les 100 % du PIB, le déficit budgétaire atteint les 9 %.

Les Canadiens ont considéré que, s'ils n'agissaient pas, ils compromettaient leur souveraineté fiscale et économique. Ils ont donc décidé qu'il fallait baisser le budget fédéral de près de 20 % et ce, selon deux principes : le niveau des prélèvements obligatoires ne diminuerait que lorsque la baisse des dépenses atteindrait les objectifs (19 % !) ; le surplus dégagé serait *in fine* réparti à parts égales entre diminution de dette, baisse d'impôts, lancement de grands travaux d'avenir (recherche, développement, éducation). Des actions fortes ont été accomplies à destination de la population pour expliquer ces réformes. Le train de vie du gouvernement a été revu à la baisse en même temps que celui de toute la fonction publique. L'effort demandé a par ailleurs été partagé par l'ensemble des catégories socioprofessionnelles. Cela a fini de convaincre les syndicats qu'ils ne pourraient pas mobiliser massivement pour s'opposer à une réforme qui s'avérait juste et au fond assez équilibrée. Les années d'augmentation d'impôts avaient par ailleurs permis aux Canadiens de prendre conscience du problème structurel auquel ils étaient confrontés. Leur sphère publique était en train de détruire la compétitivité de l'ensemble de la société.

Tout ceci date de quinze ans ! La réduction de budget a été faite, la baisse des dépenses de 19 % masque en fait des disparités énormes puisque certains ministères ont baissé de 50 % leur train de vie. Seules les Affaires indiennes ont en fait augmenté leur budget !

Le résultat est à peine croyable : la dette a été divisée par trois, le solde financier est passé de - 9 % à + 1 %, la croissance du PIB a redémarré. Il est vrai que le taux de change a baissé de 25 %. Après coup, les économistes canadiens pensent que faire basculer la dépense de la sphère publique à la sphère privée « a probablement eu un effet positif sur la croissance ». Le seul échec relatif a été « la faible maîtrise des dépenses régionales ». On croit rêver.

Nous avons vécu cette période. Ce ne fut pas une période de drame, la population était calme, car elle sentait que quelqu'un, Jean Chrétien, avait enfin pris les choses en mains. Il le fallait, tout simplement.

La Nouvelle-Zélande de Roger Douglas : la transformation la plus audacieuse au monde d'un système de santé

La situation des finances publiques en 1990

La santé est gérée par la sphère publique. C'est une énorme part du PIB. Sans réformer le système lui-même, quels que soient les efforts des gens qui y travaillent, on n'atteindra pas l'équilibre.

Dans les années 1990, la Nouvelle-Zélande présente très exactement les caractéristiques de la France d'aujourd'hui : croissance plus faible que la moyenne de l'OCDE, dette d'État de 20 000 dollars par ménage, État en faillite, quarante ans de déficit budgétaire.

Roger Douglas est sans conteste l'homme à qui la Nouvelle-Zélande doit le retournement de la situation du pays. C'est un homme étonnant. Il est fils d'ouvrier agricole, a connu une enfance difficile. Après une carrière dans l'industrie, il débute tardivement la politique au sein du Labor Party, avant de devenir ministre des Finances, puis Premier ministre. Doté d'une puissance intellectuelle hors du commun, il a su traduire des concepts philosophiques en politiques très concrètes. Toute son originalité est là.

Il a mené une refonte de l'économie néo-zélandaise en modifiant de façon substantielle l'équilibre entre la sphère privée et la sphère publique (fiscalité, marché du travail, réduction du déficit, remboursement de la dette, retour à l'équilibre budgétaire, révision complète du système éducatif, des retraites, de la santé).

Les Néo-Zélandais parlent avec passion de cette formidable période qui a vu le pays repartir, période dont le point culminant fut la conquête de la Coupe de l'America.

Roger Douglas est revenu aux éléments de base les plus simples de la vie : responsabilité individuelle de chacun et confiance dans les systèmes concurrentiels. Il dédie sa réforme aux plus pauvres, son obsession étant que les gens, quelle que soit leur place dans la société, prennent les décisions qui les concernent et puissent les assumer. Sa pensée est tellement claire que le mieux est de le citer :

« Nous avons besoin d'un *tax benefit system* qui garantisse un standard de vie décent, sans envoyer de mauvais signaux en décourageant le travail, en prenant les décisions au nom des personnes et en encourageant la dépendance. »

« Une réforme n'a pas de valeur si elle ne donne pas aux gens défavorisés et qui veulent s'en sortir des opportunités de sortir eux-mêmes des difficultés dans lesquelles ils se trouvent. »

« Toute forme d'assistance doit laisser intacte la dignité des gens et doit leur permettre de faire eux-mêmes les choix qui les concernent. »

« En termes simples, nous devons faire en sorte que les gens aient intérêt à travailler. »

« L'un des problèmes les plus graves des systèmes d'assistance et/ou des systèmes gratuits, comme en France par exemple, c'est que l'on prive les personnes du droit de faire des choix. Or le choix, c'est ce qui forme les personnalités, c'est ce qui fait que l'on apprend de ses erreurs et que l'on prend confiance grâce à ses succès. Laisser choisir, c'est respecter la dignité des gens et permettre leur développement personnel. »

« Pour synthétiser, même si on aide les gens, il faut qu'ils soient en position de faire leur choix. »

Si tous les plans échouent, en France, dans le domaine de la santé, c'est que la raison est très profonde et dépasse largement le cadre de la bonne ou de la mauvaise gestion.

Le domaine où la réforme néo-zélandaise a été le plus fondamental est celui de la santé. La Sécurité sociale représente une telle part de l'activité de la sphère publique qu'une restauration des comptes de l'État, condition élémentaire de la croissance, passe forcément par la refonte du système de santé. L'expérience néo-zélandaise des années 1990 doit être connue, comprise et méditée. La santé gratuite pour tous était perçue comme un droit, exactement comme en France. Roger Douglas va reformuler ce dogme en le transformant en ressort.

« La plupart des Néo-Zélandais en sont arrivés à croire qu'ils avaient droit à tous les services de santé. Il faut se rendre à l'évidence, ceux-ci fonctionnent mal et coûtent trop cher. »

« En fait le gouvernement ne peut pas tout offrir à chacun. Toutes les possibilités de la médecine moderne ne peuvent pas être données à tout le monde, pas plus que les gens ne peuvent oublier leur propre responsabilité à l'égard de leur propre santé. En particulier, on ne pourra plus rembourser sans discuter les dégâts qu'ils infligent à leur santé par leur propre faute. »

« Depuis 1938, aucun parti politique n'a réussi à changer le système de santé. Dans cette affaire, les pauvres ont été les principaux perdants. »

« Les usagers n'ont pas la possibilité de réduire les inefficacités ou de rechercher eux-mêmes les solutions les plus efficaces, les médecins ne sont pas récompensés quand ils inventent de meilleurs moyens de satisfaire la demande ; la raison profonde de cet échec est que les procédures normales de marché ont été remplacées par la loi, les ordonnances, la bureaucratie. »

Les idées de base de la réforme

Le système proposé est fondé sur l'idée que chacun est responsable d'acheter une assurance contre « tout ce qui est grave, défini comme petite probabilité mais qui a un coût élevé comme une hospitalisation, sachant que chacun paie ce qui est courant ».

Tout ceci en échange… d'une réduction d'impôt !

Lorsque les moins favorisées des personnes ont du mal à payer le coût de l'assurance, le gouvernement donne des aides financières (*voucher*s), « mais le choix de l'assurance continuera d'appartenir à chaque personne, il ne sera pas délégué ».

L'ancienne Sécurité sociale est coupée en... cinq sociétés d'assurance concurrentes !

C'est le Parlement qui décide des soins assurés.

Le contrat qui lie chacun à l'assurance est annuel. Les assureurs n'ont pas le droit d'annuler une assurance ou de refuser de la renouveler ; le principe d'un fichier national n'est pas admis.

Le contrat doit prévoir une possibilité de remboursement (bonus comme pour les voitures) pour encourager chacun à prendre soin de sa santé et faire de la prévention.

Le marché détermine les prix offerts par les assureurs, qui ont le droit de faire des classes de risques. Les assureurs peuvent référencer les médecins et les hôpitaux de leur choix.

Tout ce qui concerne la recherche et l'expérimentation de haut niveau reste dans la sphère publique.

La pratique du système

La concurrence entre assureurs a permis de rendre en amont le système de santé beaucoup plus efficace.

Le système hospitalier en particulier s'est rationalisé par produit et par zone géographique.

Les coûts ont considérablement baissé. La mise en concurrence des assureurs a provoqué une privatisation en amont du service de santé. Les hôpitaux publics ont été rachetés par les médecins et leurs employés.

De nouvelles techniques ou pratiques ont vu le jour (l'accouchement à domicile, par exemple, a été remis au goût du jour et modernisé).

Les effets les plus inattendus de la réforme ont été le développement de la prévention, qui a notamment entraîné la baisse du tabagisme et de l'alcoolisme.

Tout ceci a commencé il y a vingt ans. La réforme a duré dix ans. Une chose est sûre, la Nouvelle-Zélande a trouvé à son problème de santé publique une solution pérenne, car elle repose sur des fondamentaux solides. Aucun retour à la croissance dans ce pays n'aurait été possible sans une amélioration de ce système de santé, qui grevait les comptes publics. Voilà qui peut donner quelques idées, reconnaissons-le.

« *Monsieur Fontanet, ne le dites pas, j'ai besoin du privé pour gérer le public* » *(Jean-Pierre Chevènement)*

Le modèle est ici… une petite région française jadis martyrisée par le pouvoir central. Il souligne l'intérêt de mettre un peu de concurrence dans le système.

Les mots qui vont suivre sont un hommage aux enseignants du secondaire de Vendée, qu'ils exercent dans le public ou dans le privé, et constituent peut-être une piste de progrès pour notre éducation secondaire, dont tout le monde reconnaît l'importance majeure à l'heure où les systèmes éducatifs du monde vont se trouver en concurrence.

J'ai vécu cinq années en Vendée à l'époque où nous travaillions, mon épouse et moi, aux chantiers Bénéteau dirigés par Annette Roux. Nous habitions à Saint-Gilles-Croix-de-Vie, petite ville mi-agricole mi-maritime, très animée l'été. Je dois dire que, quand nous avons décidé de nous y installer, nous, anciens Parisiens, issus des bonnes écoles des beaux quartiers, avions une petite crainte pour nos trois filles : allaient-elles être freinées par le choix professionnel de leurs deux parents ?

Nos filles ont été heureuses à l'école, bien suivies par leurs professeurs, tant dans les écoles privées que publiques de Saint-Gilles. Cette expérience ne les a ni gênées ni freinées. Ce fut au contraire un moment fort de leur existence, au cours duquel elles ont bénéficié d'un enseignement de grande qualité. Elles ont toutes par la suite intégré de grandes écoles, et ce passage en Vendée n'y est sans doute pas pour rien.

Au départ, deux sont allées à l'école publique, une à l'école privée. Très vite, nos filles se sont intégrées, nous avons sympathisé avec les professeurs qui tous étaient des personnalités intéressantes. Dans une petite ville, les professeurs ont un statut social privilégié. Nous étions reçus chez certains d'entre eux, ils étaient au conseil municipal, dans les clubs de tennis. Bref nous les connaissions, ce qui aplanissait tous les menus problèmes que les enfants rencontrent dans leur scolarité.

Mais le plus étonnant, c'étaient les visites des directeurs d'école qui voulaient absolument recruter nos filles dans leur établissement et venaient à la maison, avant la rentrée, en discuter avec nous pour tenter de nous persuader. D'où des débats fort intéressants où nous pouvions, parents, faire passer nos messages sur la qualité des cours et des enseignants.

Nous avons très vite compris que ces visites, au demeurant fort courtoises, étaient provoquées par l'âpre concurrence que se livraient les établissements. Les chefs d'établissement mettaient un point d'honneur à avoir chez eux les meilleurs élèves, et les petites Fontanet étaient l'enjeu de cette très saine émulation.

La motivation des professeurs avait pour source, tout simplement, la part de marché locale. Ceci est en France un petit tabou, mais la Vendée démontrait en marchant que la concurrence en éducation, loin de détruire le système, est peut-être son meilleur stimulant.

Quelques années plus tard, j'ai été invité par Jean-Pierre Chevènement, alors ministre de l'Éducation nationale. Quand il me demanda comment s'étaient passées les études de mes filles, je lui racontai l'épisode avec plaisir.

Il eut cette phrase merveilleuse que je peux citer, puisqu'elle fut prononcée il y a plus de vingt ans : « Monsieur Fontanet, ne le dites pas, j'ai besoin de la concurrence du privé pour gérer le public. »

Dans un monde mouvant et un sujet aussi complexe que l'éducation, un organisme seul ne peut avoir raison. C'est par l'essai, la comparaison et donc la concurrence que l'on a une chance de tendre vers la vérité.

La vision de Lee Kuan Yew

De toutes les croissances que j'ai vues, la plus élevée, la plus durable, est sans conteste celle de Singapour. Partis de rien en 1963, les Singapouriens détiennent aujourd'hui haut la main le record du PIB par tête. Ils vivent sur une montagne de *cash* (on en a parlé dans un chapitre précédent !), sans une seule ressource naturelle et avec des impôts parmi les plus bas du monde. Je n'y ai jamais vécu, mais je m'y suis souvent arrêté. Chaque fois, j'ai pu constater les incroyables progrès de ce pays.

Lee Kuan Yew en est le président, mais aussi le fondateur et le stratège depuis quarante-sept ans.

Il reçoit à dîner tous les ans les industriels qui ont investi à Singapour. C'est lors de ces occasions qu'à plusieurs reprises je l'ai approché. Le dîner est toujours très informel. Chacun peut poser des questions, il a réponse à tout. On a l'impression à son contact de toucher l'histoire. C'est le seul dirigeant encore en vie qui ait connu Churchill, De Gaulle, Nixon, Mao. Si on juge sur les faits, il est le champion du monde de tous les dirigeants et de très loin. Ce qu'il dit est parfois dur mais toujours d'une limpidité absolue :

« Quel que soit le travail, il est mieux que l'assistance. »

« Les changements font mal mais... mieux vaut souffrir maintenant que de subir la honte du déclin. »

« Pour être capable de nager parmi les gros poissons, il faut mettre les talents de sa population au sommet sur le plan mondial. »

« À vous, grandes entreprises mondiales, mon devoir est de vous donner les meilleures conditions de travail. Votre responsabilité est d'en faire le meilleur usage. »

« Aujourd'hui la force d'un pays ne se mesure pas à sa taille mais au niveau de sa population et à la qualité de son organisation. »

« La politique industrielle, au sens traditionnel, ne marche pas pour un pays comme le nôtre, car les firmes mondiales sont devenues bien trop fortes. Pour bénéficier de la mondialisation, il faut profiter de leur énergie en nous positionnant comme la meilleure terre d'accueil. »

La stratégie économique de Singapour, la gestion de son État, de ses impôts et de son administration sont racontées dans de très nombreux livres, auxquels le lecteur se reportera aisément[14].

Nombre de réponses à donner à nos problèmes peuvent, à mes yeux, s'inspirer de la vision et de la gestion publique des Singapouriens (notamment en matière de gestion des dockers, de rémunération des fonctionnaires et de politique de recherche et développement).

Le sillon creusé par Egis et la Caisse des Dépôts

Il ne faut absolument pas croire que les libéraux sont contre l'État, c'est un mauvais procès qu'on leur fait ; les libéraux sont pour un État fort concentré sur le domaine régalien ; beaucoup, comme moi-même, pensent qu'il faut probablement y investir plus pour que l'État puisse faire face aux nouveaux challenges qui se présentent à lui, notamment en matière de justice et de police.

---

14. Cf. Bibliographie.

Ceci étant dit, l'État doit, dans la situation actuelle de surendettement qui est la sienne, sortir de certaines activités qu'il peut remettre en système concurrentiel sans déroger à sa mission de service public.

L'exemple de ce qui s'est passé avec Egis est un joli cas d'école.

Egis est une splendide société d'ingénierie. Discrète filiale de la Caisse des Dépôts, son origine, sa performance et sa trajectoire méritent que l'on s'y arrête un instant.

Cette société a regroupé, au fil des ans, différentes émanations de l'État et plus précisément de son bras opérationnel dans ce domaine, le ministère de l'Équipement. Chacun sait que l'un des avantages comparatifs de notre pays, que le monde entier reconnaît, est la qualité de ses infrastructures (routes, chemins de fer, communications). Cette qualité reflète notre forme d'intelligence faite de logique et de sens de l'adaptation.

L'âme de toute cette politique a été le corps des Ponts et Chaussées, fondé par Napoléon et sa longue lignée d'ingénieurs (Eiffel, Freycinet) qui ont été à l'origine de très nombreuses découvertes technologiques (le béton armé et précontraint, le calcul des ponts). Ce n'est pas un hasard non plus si nos grandes entreprises de travaux publics (Bouygues, Vinci, Eiffage,...) sont à la tête des classements mondiaux.

Rapidement mise à égalité de concurrence avec les sociétés privées d'ingénierie, Egis s'est développée sur des marchés stratégiques en France et à l'international : route, rail, eau, aménagement urbain, aérien. Grâce à un plan de développement interne ambitieux et à des regroupements progressifs de sociétés françaises, Egis constitue désormais un des leaders européens de l'ingénierie. La consolidation de ce secteur se poursuit par ailleurs afin d'atteindre une taille critique dans la compétition mondiale, comme l'atteste le rapprochement d'Egis et d'Iosis en 2010. À l'occasion du rapprochement, Egis a suivi l'exemple d'Iosis en ouvrant le capital à ses 400 principaux cadres (et à tous ses salariés via un fonds commun de placement) dans des proportions considérables : 25 % du nouveau groupe appartiendra aux salariés, le solde restant détenu par la Caisse des Dépôts.

Egis est aujourd'hui en train de faire une percée considérable dans le monde entier. Sa percée en Inde est absolument remarquable : Egis peut devenir un leader mondial. Nous ne parlons pas de petits chiffres : les ventes vont atteindre en 2010 les 800 millions d'euros avec un effectif de 10 000 personnes. Egis est rentable, peu endettée et a connu ces dernières années une croissance de son chiffre d'affaires de plus de 10 % l'an. Egis est présente dans plus d'une centaine de pays dans le monde.

L'histoire d'Egis et de la Caisse des Dépôts ouvre donc une piste très intéressante en cette période où l'État doit revoir sa structure. Nous pouvons en effet légitimement nous demander si l'ingénierie de l'équipement public doit être produit par l'État lui-même ou si celui-ci doit voir son rôle comme celui d'un maître d'ouvrage qui réalise sa mission par la mise en concurrence d'entreprises privées dans le cadre d'un cahier des charges qu'il aura défini.

Au fond cet « outsourcing » est un moyen de mutualiser entre pays des domaines non régaliens de l'action publique, une façon de bénéficier à la fois des mérites de la concurrence et de l'échelle mondiale. Nous pouvons aller plus loin : en remettant ces activités dans le marché libre, l'État peut alors monétiser l'expérience qu'il a construite et ainsi récupérer de l'argent afin de rembourser sa dette.

Enfin, permettre au personnel de ces sociétés d'entrer au capital des nouvelles structures créées est assurément la meilleure compensation de la perte du statut de fonctionnaire public que ces modifications de périmètre entraînent. L'actionnariat salarié est par ailleurs une excellente méthode de motivation des équipes à donner le meilleur d'elles-mêmes dans une nouvelle aventure et de permettre un partage de la valeur qui sera créée.

Bonne chance à la Caisse des Dépôts, bonne chance à Egis !

PARTIE VI

LES FRANÇAIS, LE MONDE ET LES AUTRES

LES FRANÇAIS, LEURS DÉMONS
ET LEUR GÉNIE

Je me méfie beaucoup de ce que l'on appelle « l'exception française ».

Du temps du Général, il s'agissait de défendre les intérêts nationaux et la grandeur de la France. Aujourd'hui, dès que l'on parle d'une expérience étrangère réussie en matière économique, on se voit immédiatement dire : « Ici, ça ne marche pas. » L'exception française est devenue trop souvent l'expression d'une forme d'arrogance qui conduit au conservatisme.

Ceci s'explique assez facilement en revenant en arrière, et ce petit retour sur l'histoire va, je l'espère, permettre de mieux comprendre la réticence du pays à l'économie de marché et à l'entreprise.

Il faut bien mesurer l'influence sur notre société de l'âge des Lumières et de deux personnalités très prestigieuses du passé : le tout-puissant intendant de Louis XIV, Jean-Baptiste Colbert, et l'omniprésent Jean-Jacques Rousseau.

Notre pays a été pendant une longue période – l'âge des Lumières – un centre mondial de rayonnement intellectuel. Nous en tirons une fierté légitime, même si nous tendons un peu trop à nous croire encore le centre du monde. Nous avons d'ailleurs été pris de vitesse dès le XVIIIe siècle par les Anglais et les Hollandais, qui ont compris l'économie de marché beaucoup plus vite que nous.

L'héritage légué par le couple Colbert/Rousseau pèse encore sur nous. Il est temps d'en parler et d'en mesurer l'impact. Elle a créé, chez nous, une sorte de névrose : on peut vivre avec toute névrose, mais on vit d'autant plus facilement avec elle qu'on en a pris conscience.

D'abord Jean-Baptiste

Pourquoi est-ce que j'en veux à Jean de La Fontaine pour sa *Laitière et le pot au lait* ? Perette qui renverse tout son lait en rêvant « d'argent bel et bon » était sûrement un peu négligente. Elle manquait de réalisme, mais elle était un jeune entrepreneur en herbe. Je ne suis pas sûr que ç'ait été un bien pour notre pays de la tourner ainsi en dérision auprès de quatre cents millions de jeunes Français qui ont appris cette petite fable par cœur. C'est loin d'être anecdotique, car cela a probablement contribué à façonner d'une certaine façon l'esprit moqueur et distant des Français à l'égard de l'entreprenariat. Sans vouloir donner à cette petite fable plus d'importance qu'elle n'en a, est-ce que cela signifie que déjà, sous Louis XIV et Colbert, les Français n'aimaient pas les entreprises ?

À cette époque, l'économie commençait à prendre de l'ampleur dans toute l'Europe, en particulier en France, en Grande-Bretagne, aux Pays-Bas et en Scandinavie. L'influence de Venise et de l'Espagne déclinait, l'industrie faisait ses premiers pas.

La spécificité française, c'était la cour du roi Louis XIV. Dès que quelqu'un avait, dans ses affaires, gagné un peu d'argent, il les vendait pour acheter des terres. Il venait alors à la cour pour acquérir des concessions d'État, qui lui semblaient moins risquées. Ces concessions préfiguraient la sphère publique qui fascinait déjà les esprits. Pourtant, à l'époque, le roi ne prélevait pas plus de 10 % de la richesse nationale, mais c'était sans compter tout ce que Colbert concédait pour combler son budget qui était déjà en déficit à cause des guerres incessantes du roi. Cette ruée sur les concessions d'État a sûrement contribué à mettre dans la tête de beaucoup de gens l'idée fausse que les entreprises qui font de l'argent sont celles qui savent habilement utiliser la manne publique et qu'a la base du profit il y a un détournement.

Au même moment, les riches bourgeois hollandais et anglais continuaient à investir dans leurs propres entreprises et considéraient que leur activité commerciale était en fait la vraie noblesse. Point d'argent dans les habits, point de carrosse ni de fêtes, ils passaient leur temps à leurs affaires et y mettaient forcément toutes leurs économies. Un véritable fossé culturel commençait donc à se creuser entre eux et nous. La lumière de nos fêtes ne les séduisait plus. L'abolition de l'édit de Nantes et le formidable exode de cerveaux – et de capital – ont fait le reste.

La France, à l'époque de Louis XIV, avait à peu près la même richesse que la Grande-Bretagne, l'Allemagne, les Pays-Bas et les Amériques. Deux cent cinquante ans après, elle ne représente qu'un tout petit douzième de l'ensemble. La différence de croissance est peut-être de 1 % par an. Cela semble infime mais, quand la croissance à très long terme de l'économie est entre 2 % et 3 % l'an (d'après Immanuel Wallerstein), cela représente 40 % de moins ! Sur la très longue durée 1 (petit) % fait d'immenses écarts.

À cette période de notre histoire, le roi Louis XIV incarnait l'État, et l'État insufflait – ou plutôt était censé insuffler – son dynamisme à la nation tout entière. Colbert était sa main. La société était en quelque sorte confondue avec l'État. Dans la réalité tout ne devait pas être si simple, car Colbert s'agaçait des rapports que lui faisaient ses envoyés lorsqu'ils revenaient des Pays-Bas, où justement il n'y avait pas d'État et où tout fonctionnait pourtant bien.

Dans ces rapports, on expliquait à Colbert que tout le monde travaillait beaucoup, mu par l'intérêt des salaires et du profit, « cette force invisible mais active ». On lui disait aussi que les riches n'étalaient pas leur richesse comme en France. Et pour cause, elle était toute réinvestie à risque au vu et au su de leurs employés ! On lui disait que la société était harmonieuse. Tout le monde habitait dans les mêmes quartiers, on ne connaissait pas le phénomène de Versailles (funeste décision !) qui séparait le peuple de l'élite de la nation.

Pis, quand Colbert concurrençait les compagnies de commerce hollandaises, hors d'Europe, en terrain neutre, il essuyait régulièrement des camouflets mémorables. On ne raconte pas assez à nos enfants à l'école les gifles que la Compagnie des Indes néerlandaises, financée uniquement par des fonds privés, infligeait aux compagnies publiques françaises, pâles copies que Colbert avait voulu lancer contre elles. Colbert et ses compagnies étaient bons quand ils avaient le monopole en France ; dès qu'ils étaient en concurrence, ils étaient beaucoup moins brillants.

Colbert par contre excellait dans la collecte des impôts en territoire soumis : « L'art d'imposer consiste à plumer en obtenant le maximum de plumes avec le minimum de cris. » Sur ce plan il battait les Hollandais à plate couture !

Tout cela est loin mais a laissé des traces, je crois, et surtout a fait partir beaucoup de brillants entrepreneurs à une période clé de notre histoire. Durant mes quarante ans autour du monde, j'en ai croisé beaucoup dont les familles avaient quitté la France à cette époque. Bien que le sujet soit tabou et qu'il soit très difficile de connaître les chiffres exacts, il semble que la saignée ait été importante dans les dix dernières années. Combien tout cela coûte-t-il en termes de croissance ? À mon humble avis, une réponse documentée serait bien utile.

Ensuite Jean-Jacques

L'autre ancêtre omniprésent dans notre inconscient collectif est Jean-Jacques Rousseau. L'un des textes les plus lus du Lagarde et Michard est « La propriété, source de la société et de l'inégalité », extrait du *Discours sur l'origine et les fondements de l'inégalité parmi les hommes,* que voici :

« Tant que les hommes se contentèrent de leurs cabanes rustiques, tant qu'ils se bornèrent à coudre leurs habits de peaux avec des épines ou des arêtes, à se parer de plumes et de coquillages, à se peindre le corps de diverses couleurs, à perfectionner ou à embellir leurs arcs et leurs flèches, à tailler avec des pierres tranchantes quelques canots de pêcheurs ou quelques grossiers instruments de musique, en un mot tant qu'ils ne s'appliquèrent qu'à des ouvrages qu'un seul pouvait faire, et qu'à des arts qui n'avaient pas besoin du concours de plusieurs mains, ils vécurent libres, sains, bons et heureux autant qu'ils pouvaient l'être par leur nature, et continuèrent à jouir entre eux des douceurs d'un commerce indépendant, mais dès l'instant qu'un homme eut besoin du secours d'un autre ; dès qu'on s'aperçut qu'il était utile à un seul d'avoir des provisions pour deux, l'égalité disparut, la propriété s'introduisit, le travail devint nécessaire et les vastes forêts se changèrent en des campagnes riantes qu'il fallut arroser de la sueur des hommes, et dans lesquelles on vit bientôt l'esclavage et la misère germer et croître avec les moissons. »

La prose est splendide, comment résister à de telles phrases ? Il n'y a pas de négation plus radicale de l'échange et de l'économie de marché ! L'économie, c'est la fin de l'égalité, l'esclavage et la misère ! Le monde sauvage était-il si bon que cela ?... C'est toute la question... Poursuivons.

« Le premier qui, ayant enclos un terrain, s'avisa de dire : "Ceci est à moi", et trouva des gens assez simples pour le croire, fut le vrai fondateur de la société civile. Que de crimes, de guerres, de meurtres, que de misères et d'horreurs n'eût point épargnés au genre humain celui qui, arrachant les pieux ou comblant le fossé, eût crié à ses semblables : "Gardez-vous d'écouter cet imposteur ; vous êtes perdus si vous oubliez que les fruits sont à tous et que la terre n'est à personne." »

La terre n'est à personne ; la propriété, c'est la guerre et les meurtres !

Jean-Jacques Rousseau est un des Français les plus prestigieux, il est assurément l'inspirateur d'un socialisme dur, mâtiné d'une sérieuse dose d'écologie.

Tout le monde comprend que la négation du travail et de la propriété prônée par Rousseau est *a priori* peu favorable au dynamisme d'un pays plongé dans l'économie de marché. Le travail n'est pas valorisé, on s'imagine qu'il peut être repris, que ce qu'on a gagné n'est pas vraiment à soi, il est sujet de suspicion. On croit que la propriété est source « de misères et d'horreurs ». Tout cela n'est favorable ni à l'entreprise, ni à l'initiative, ni à la création de valeur.

Pourquoi n'a-t-on enseigné Voltaire à nos enfants avec le même soin, lui dont la devise était de bien cultiver son jardin ?

Si les richesses appartiennent à tout le monde, seul l'État peut les répartir par la force de l'impôt, un État qui, d'ailleurs, distribue la valeur sans trop analyser les effets de la répartition sur la création. Pousser ces idées à leur terme peut devenir tragi-comique comme cette remarque de Trotsky : « Le travail obligatoire est justifié par la perte de motivation engendrée par la suppression du profit. » Quand on dépouille les gens du fruit de leur effort et de leur initiative, dans la pratique, au bout d'un certain temps, il n'y a pas d'autre solution que la trique.

Colbert et Rousseau se sont alliés à leur insu, année après année, pour renforcer l'État. Et pourtant quel chemin ont tracé nos grandes entreprises dans les vingt dernières années !

La spécificité française tient à ce que notre droite, qui sur la longue durée a été principalement colbertiste, et notre gauche se sont toujours entendues pour agrandir l'influence de l'État. L'une voit dans l'État le moteur de la société, l'autre y voit le seul répartiteur crédible. Toutes deux étant, bien sûr, d'accord sur le niveau élevé d'imposition, soit pour investir pour le compte de la société tout entière, soit pour répartir encore plus. Toutes deux ont une défiance déclarée vis-à-vis de la sphère privée : la droite colbertiste ne fait pas confiance à son dynamisme ; à gauche, on doute de sa capacité à répartir équitablement la valeur créée. Entre les deux, l'entreprise française et la sphère privée ont, dans notre pays, bien de la peine et du mérite de continuer à avancer !

Pourtant Colbert et Rousseau ont toujours eu des opposants, intellectuels et entrepreneurs, beaucoup moins encensés, mais néanmoins agissants et efficaces ; ils ont, eux aussi, construit la France, dans la discrétion, l'effort et quelquefois au travers de coups de génie ; ils ont pour nom Voltaire, Vauban et Louvois, Benjamin Constant, Alexis de Tocqueville, Frédéric Bastiat, Gustave Eiffel et, plus récemment, Guy Sorman, Alain Peyrefitte, Jean-Claude Casanova, Michel Albert, Marcel Dassault, Francis Bouygues, Antoine Riboud, François Dalle, Olivier Lecerf et Gérard Mulliez, entre autres.

En dépit des freins culturels français et d'une mauvaise image médiatique, des analyses internationales de plus en plus nombreuses démontrent que les entreprises françaises et les entrepreneurs d'aujourd'hui ont fait, dans les vingt dernières années, une remarquable percée ; les entreprises françaises cotées sont en Europe celles qui se sont le mieux comportées. Un livre récent de Serge Blanchard, *Notre avenir dépend d'eux*, en fait la brillante démonstration. Qui sait que les deux cent cinquante plus grosses entreprises cotées ont créé en quarante ans plus de valeur que l'État n'a créé de dette pendant la même période ? et quand on pense que la dette de l'État les a même freinées !

Si seulement l'État français poussait, lui aussi, dans le bon sens, notre pays serait encore dans le haut du classement mondial du PIB par tête.

À dire vrai, toutes ces entreprises et tous ces entrepreneurs d'aujourd'hui sont les dignes porte-flambeaux de tous leurs brillants anciens et les défenseurs des idées de liberté !

MAIS QU'ONT-ILS DE MIEUX QUE NOUS, LES JAPONAIS ?

La tradition veut que, chaque année, je fasse un point de stratégie au comité central d'entreprise. C'est un moment attendu de convivialité et d'échanges denses et fructueux avec nos délégués. En théorie, on ne devrait parler que de la maison mère française, mais nous parlons en fait du groupe mondial. Je reprends en général l'exposé fait aux analystes, de façon que tout le monde ait la même information.

Ce jour-là, je revenais du Japon. J'étais fatigué par le voyage, mais j'étais ravi des progrès de notre *joint venture* avec Nikon.

Cela avait été pour nous un pari énorme de nous attaquer à Hoya sur son marché national et une chance formidable de le faire avec Nikon, une entreprise emblématique au Japon.

Les équipes de Nikon étaient d'une ardeur au travail à peine croyable. Nous avions pris des décisions très dures, au départ de la *joint venture*, comme le gel des salaires sur trois ans ou la délocalisation d'une partie de la production en Thaïlande. Nous nous étions mis d'accord avec les syndicats, ils savaient que nous partions de très bas et avaient conscience que Hoya allait chercher à nous couler d'entrée de jeu.

Une confiance réciproque immédiate s'est installée. La part de marché a bien résisté à la première attaque et s'est mise alors à doucement monter. Les clients aimaient bien cette idée de *joint venture*, on sentait que cela « prenait » ! Dans les affaires, sentir que les choses bougent est une impression grisante. Le dialogue avec nos amis japonais s'améliorait de jour en jour, ils prenaient de plus en plus confiance et reconnaissaient que nous leur apportions énormément, en matière de production notamment. Nous commencions de notre côté à comprendre, grâce à eux, tous les ressorts du marché japonais qui, avant la *joint venture*, nous étaient complètement illisibles.

Dans une *joint venture*, il faut apprendre à se connaître. Cela prend quelque temps, mais, la semaine précédente, lors de mon dernier voyage au Japon, quelque chose de magique s'était passé : les barrières étaient tombées d'un seul coup, chacun commençait à se confier à l'autre. On se comprenait et on s'appréciait. Nous étions heureux d'être ensemble au combat, nous remportions nos premières batailles (quelques gros clients), les nouveaux produits « prenaient », l'équipe se soudait, et je sentais les gens heureux au travail. J'étais épuisé mais exalté. Surtout, j'admirais les Japonais, leur courage au travail, leur sens du service, leur capacité d'exécution, leur précision d'esprit, leur sens du détail, qui dans notre métier est un réel avantage, et peut-être surtout l'avance technique qu'ils avaient dans toutes sortes de métiers très technologiques qu'on ne soupçonnait pas.

Je sentais que, de leur côté, ils appréciaient notre créativité, notre joie de vivre, notre esprit de synthèse, notre côté débrouillard et un peu désobéissant. Notre capacité d'abstraction les fascinait. Nous n'écrivons pas de la même façon, nous avons une grammaire qui est un programme et qui est fondée sur une certaine logique. Ils ont, eux, des idéogrammes. Il faut une fantastique mémoire et un grand sens du détail pour s'y retrouver au milieu de tous ces caractères. Nos esprits ont ainsi été façonnés différemment, et il est extraordinaire de découvrir dans le travail quotidien ces énormes différences.

Je m'étais amusé, pour détendre l'atmosphère après les heures de bureau, à faire avec les Japonais un parallèle entre le budget sur lequel nous travaillions et la bataille d'Austerlitz. Ils étaient stupéfaits et fous de joie. Le lendemain, ils étaient revenus vers moi en me disant combien ils avaient apprécié cette vision complètement inattendue, qui avait sa vertu mais qui était un choc culturel. Ils me firent remarquer à l'occasion que j'avais interverti les rôles de Soult et de Murat. Ils avaient travaillé la nuit sur des encyclopédies !

En arrivant en France donc, j'étais épuisé, mais profondément heureux.

Je commence mon exposé au comité central d'entreprise en faisant comme à l'accoutumée le « tour du monde » d'Essilor. À la fin, un délégué me dit : « Monsieur Fontanet, quand vous parlez des

États-Unis et du Japon, vous avez l'air heureux et quand vous parlez de la France vous êtes triste. Faut-il que nous parlions japonais ou américain pour vous intéresser ? Qu'est-ce qu'ils ont de mieux que nous ? »

Question absolument fantastique ! La réunion démarre bien, on allait s'amuser. D'un seul coup j'oublie toute ma fatigue.

Mais tout se bouscule aussi dans ma tête. Bien sûr j'aime mon pays, il m'a tout donné : des parents équilibrés et aimants, une famille solide et joyeuse, de bonnes écoles. Je n'ai connu dans les entreprises où j'ai travaillé – BCG, Bénéteau, Eurest, Essilor – que des gens fantastiques à qui je dois énormément : Bruce, John, François, Louis Claude, Annette, Antoine, Bernard, Gérard, Philippe, Jacques, Henri, Philippe, Olivier, Patrick, Claude et tous ceux que je ne peux pas nommer et qui m'ont formé...

La France, ce sont aussi des régions auxquelles je suis profondément attaché : la Bretagne et la Savoie. Je me rappelle aussi que mes trois filles ont eu des accidents graves et que des médecins formidables les ont toutes les trois sauvées sans bourse délier. Je me rappelle aussi des professeurs hors du commun qui m'ont marqué à vie.

En même temps, il y a aussi les 35 heures, les « droits à ! », les grèves, la dette de l'État qui m'atteint profondément, la chute de la France dans les classements mondiaux, etc. Je pense à tous ces amis américains, chinois, indiens, japonais, coréens, Chuck, Rick, He Yi, Jayanth, CT Lee, Enya, Yoshida, Karyia, Kimura, et à tant d'autres que je ne citerai pas faute de place, avec lesquels je travaille et qui sont tellement proches, beaucoup plus proches de moi que bien de mes compatriotes. Nous avons en effet la même vision du monde, la même vision du travail, des devoirs, des personnes.

Je repense à un récent voyage en Inde où nous avons fait une *due diligence* avant de conclure une *joint venture* avec une affaire familiale dont le laboratoire est installé au centre d'un *slam* (nom indien du bidonville). La moitié des employés des affaires que l'on rachète vivent dans des *slams*. Ils ont une vie incroyablement dure et pourtant ils sont heureux. Ils considèrent leur *slam* comme une société. Ils connaissent à peu près le chiffre d'affaires de chacune des petites usines. Ils savent très bien où elles exportent. Ils sont fiers et voient les chiffres monter année après année. Comment voulez-vous qu'après ces expériences l'on supporte les grèves en France en rentrant ! Les grèves en France, que croyez-vous que j'en pense, quand elles durent et que je vois les salariés d'Essilor se fatiguer au fil des jours ! Certains se lèvent à quatre heures du matin pour être à l'heure. La vraie France, pour moi, elle est là ! Les grèves encore, j'en ai la hantise quand nous recevons de gros clients, ils viennent de loin et les rendez-vous sont pris souvent six mois à l'avance. On leur organise des journées passionnantes et patatras ! La dernière fois, du fait d'une grève, ils ont raté leur avion de retour. Une journée de perdue ! Que pensent de nous les pays qui nous ont envoyé leurs clients ?

Il ne s'agit pas bien sûr de remettre en cause le principe de la grève. Il est légitime et la grève est d'une certaine façon l'expression d'un débat au sein de l'entreprise. Aujourd'hui, pourtant, ce principe est dévoyé en France. Certains en ont abusé et finissent par exaspérer nos concitoyens. Ce n'est tout simplement plus acceptable ! Par moments, à dire vrai, je me sens indien ou chinois.

Revenons au comité central d'entreprise. Je prends la parole et je dis aux participants : « Pour répondre à votre question, le mieux est que je vous raconte quelques anecdotes. »

Je leur raconte la fermeture de Park Street. Park Street était notre plus grande usine américaine (1 200 personnes). Sa compétitivité a commencé à fléchir dans les années 2000, car elle s'appuyait sur une technologie que l'Asie avait apprise. Nous n'avions donc pas d'autre solution que la fermeture.

« Nous avons bien fait les choses en prévenant le personnel suffisamment tôt, en finançant des formations, en aidant les gens à se replacer. La fluidité du marché américain est telle que les gens ont retrouvé un emploi très facilement. C'était en 2007, il n'a pas fallu plus de deux mois pour que la majorité retrouve un poste. Comme nous étions en Floride, ils ont pratiquement tous changé de métier, voire par des reconversions radicales. Ils sont passés dans l'hôtellerie, la restauration, le tourisme, le bâtiment, sans que cela leur pose de problème. En France, les syndicats auraient parlé de déqualification, de "petits boulots" : c'est un autre état d'esprit. Le dernier jour, les employés qui quittaient l'entreprise m'ont envoyé le dernier verre fabriqué avec le message suivant : "Monsieur Fontanet, nous avons tenu notre poste jusqu'à la fin. Nous en sommes fiers. Voici le dernier des 500 millions de verres que nous avons produits dans cette usine depuis trente ans. Nous voulons vous remercier pour tout ce qu'Essilor a fait pour nous durant cette période." »

Je continue mon allocution.

« La France, ce n'est pas l'Amérique. On vous présente l'Amérique dans les journaux parfois sous de mauvais angles, en soulignant notamment une tendance à un matérialisme excessif. Pour moi, l'Amérique, c'est cette lettre. »

Silence dans l'assistance.

Je reprends.

« Les Américains ont compris que la liberté d'achat implique la flexibilité du producteur. Pourquoi n'ont-ils pas peur du changement ? C'est parce qu'ils ont confiance dans le système et pensent systématiquement qu'il y a, derrière chaque changement, une opportunité.

» En France, s'il y a changement, nous pensons : "Qu'est ce que je vais perdre ?" Aux États-Unis, ils se disent : "Qu'est-ce que je peux gagner ?"

» L'Américain a compris que, dans un monde où le client n'est pas acquis, le concept "d'avantage acquis" n'existe pas. Vous avez la chance de travailler pour une société très solide qui gagne des parts de marché, mais il faut être clair entre nous, la bonne ambiance qui règne chez nous ne règne que parce que chacun travaille très dur, de l'ouvrier au PDG. Si nous perdions des parts de marché, nous ne pourrions pas garder ces avantages.

» L'État en Amérique n'est pas comme chez nous. Il intervient beaucoup moins. Il n'est pas là pour dire : "Je vous protège." L'État dit : "Prenez-vous en main, la société est ouverte, je peux vous promettre que tous ceux qui sont prêts à travailler dur auront des tas d'opportunités. Bien sûr, tout le monde n'est pas égal, mais ce que j'assure, c'est que chacun pourra progresser."

» Les Américains croient que demain sera meilleur. Pour eux, la sécurité, c'est le mouvement. Les Américains croient dans la force du marché libre. Ils sont très différents de nous vis-à-vis de la réussite. Quelqu'un qui a réussi, l'Américain ne le jalouse pas, il se dit : "Si celui-là a réussi, je peux aussi y arriver !" Je vous donne mon avis : il faut en prendre de la graine. Être jaloux, c'est idiot. Vouloir la perte de quelqu'un qui réussit, c'est se tirer dans le pied, c'est se nuire à soi-même. Cela, les Américains l'ont compris.

– Et les Japonais ? et les Coréens ?, me demande-t-on.

– C'est très différent. Les Japonais, comme les Coréens d'ailleurs, on leur dit depuis l'enfance que leur pays est petit, qu'ils sont entourés de géants, qu'ils n'ont pas de matières premières, que les gros tapent sur les petits. Alors il faut travailler plus dur que les autres et il faut être solidaires. Tintin et Astérix, le petit qui frappe le gros, cela marche chez nous, ce n'est pas crédible pour un Japonais. Là-bas, le gros tape toujours sur le petit. Moralité : il faut tous se mettre ensemble et se tenir très fort ! Les Japonais sont extraordinairement solidaires, ils sont prêts à faire passer leur intérêt personnel derrière celui du groupe. Au Japon, l'État est peu présent, ce sont les entreprises qui commandent. Les hommes politiques ont beaucoup moins de prestige que les patrons, donc l'idée d'un État qui protège n'existe pas. L'État-providence n'a aucun sens pour un Japonais. L'entreprise est tout pour lui. Quand elle va mal, il est prêt à tous les sacrifices pour elle. *(Je leur rappelle l'exemple du gel des salaires pendant trois ans chez Nikon.)* Vous croyez que l'on aurait pu faire cela ici ? Bien sûr, après trois ans, Nikon Essilor a été extrêmement généreux. Les ouvriers ont eu quatre mois de salaire en prime. Mais au début, quand on leur a demandé de faire des efforts, ils ont été d'accord, et je puis vous dire qu'ils ont travaillé très dur.

» Voilà les gens avec lesquels, nous Français, sommes en concurrence. Retenez une chose : même si nous avons une culture différente, il faut travailler très dur, que l'on soit français, américain ou japonais. Celui qui se relâchera en subira un jour ou l'autre les conséquences ! C'est la seule chance de garder notre bonne ambiance dans la maison : travaillez dur et pensez à Essilor !

» Maintenant, pour reprendre votre question : est-ce que, comme ouvriers, ils sont meilleurs que vous ?

» Non, absolument pas. Vous êtes d'aussi bons ouvriers que les Japonais et les Américains.

» Il ne faut pas avoir peur, vous tenez la route. Les Français sont d'excellents ouvriers, le Français aime bien comprendre où on l'emmène. S'il a le sentiment qu'on lui cache quelque chose ou qu'on ne lui dit pas tout, alors cela ne va plus. Vous savez, Napoléon, qui connaissait bien tous les peuples, disait que le Français est un soldat très différent des autres. Il aime qu'on lui laisse une marge de manœuvre, il veut qu'on lui explique le plan de bataille pour bien se battre. Quand il a compris, il peut être le meilleur soldat du monde, parce qu'il est très dégourdi. Si par contre on le traite mal, alors, cela ne va plus du tout.

» Nous sommes tous un peu comme cela, nous avons nos défauts et nos qualités.

» Maintenant, c'est Essilor et nos clients qui nous nourrissent et personne d'autre. Ne l'oubliez jamais. Il faut être prêts à se mettre en quatre pour eux, la bonne ambiance qui règne chez Essilor, nous la devons à leur confiance. »

MADAME
ET MONSIEUR MAZZONE

Jean-Pierre Mazzone est un exemple d'Essilorien qui a consacré toute sa vie au démarrage de nos usines dans le monde. En 2002, de retour d'Inde, j'ai le plaisir de lui remettre la Légion d'honneur, acquise au titre de ses hauts faits économiques.

Je pense que le discours que j'ai prononcé à cette occasion est un résumé saisissant des qualités de tous nos expatriés, et, d'une certaine manière, un exemple pour les Français.

Allocution de X. Fontanet lors de la remise
de la Légion d'honneur à J.-P. Mazzone,
le 11 décembre 2002

Cher Jean-Pierre,

Je ne saurais vous dire la joie qui s'est emparée de moi lorsque j'ai su que vous alliez recevoir la Légion d'honneur. J'ai été probablement plus ému que vous ne l'étiez vous-même. Et je me suis demandé pourquoi. Je n'ai pas compris sur le moment... jusqu'au jour où j'ai rencontré votre épouse Mireille, à déjeuner, pour préparer mon intervention, qui se voudra sobre, comme vous deux. J'ai compris pendant ce déjeuner que la discrétion, le travail, la sobriété, l'efficacité, les valeurs essentielles, je dirais « paysannes », le refus de se mettre en avant, étaient au cœur de votre conception de la vie.

Jean-Pierre, vous la méritez mille fois cette décoration, et Claude a magnifiquement décrit pour nous tous tout ce que vous avez accompli. Mais si vous la méritez, cette décoration, vous ne l'attendiez pas, et c'est précisément ce qui rend la distinction qui vous est faite aujourd'hui encore plus juste et plus belle.

*
* *

Nous sommes en effet dans un monde où les gens parlent à tort et à travers de choses qu'ils ne font même pas. On préfère le spectaculaire, même s'il est dépourvu de sens et précaire. On ne s'intéresse pas au travail de fond qui s'inscrit dans la durée. Je vais donc vous dire une chose que je n'ai pas encore dite :
Votre décoration, comme celles qu'ont reçues Claude Brignon et Michel Terlon, a quelque chose de particulier, elle vient du contingent personnel du président de la République. Le président tient en effet à récompenser des personnes que le système ne reconnaît pas suffisamment parce qu'elles sont trop loin de la lumière ou n'appartiennent pas aux cercles des gens naturellement choyés. Essilor lui a parlé de vous et de ce que vous avez fait ; voilà la raison de cette décoration.
C'est en effet, loin du pays, loin des projecteurs, en installant nos usines d'Asie dans la glaise, mais aussi dans les files d'attente des différents ministères locaux, que vous avez mérité la récompense qui vous est remise aujourd'hui. Ces usines contribuent pour une part inestimable à la solidité et à la prospérité actuelle d'Essilor ; chaque année confirme cette évidence. Tous ceux qui sont ici savent combien vous avez travaillé dans des conditions dures pour elles. Vous avez déménagé tout le temps et vécu en général de façon précaire.
Un démarrage d'usine n'est jamais une sinécure. Vous êtes en général parti de rien, en arrivant dans un pays inconnu de vous et d'Essilor, avec une valise et une lettre de mission : installer ou démarrer une usine Essilor.

*
* *

Les Philippines… Bataan. Je ne sais pas combien d'entre vous sont allés à Bataan, mais Bataan, la plupart d'entre vous diraient que c'est la jungle ou la forêt vierge.

Vous débarquez donc à Bataan un beau matin de 1987 avec votre épouse Mireille et vos deux enfants : Florent âgé de dix-sept mois et Pierre de quatre ans.

Permettez-moi de faire une pause et de rendre un hommage à Mireille, à Pierre et Florent, et à travers eux à toutes les familles d'expatriés d'Essilor. Le mieux que je puisse faire est probablement de retracer la discussion que j'ai eue avec Mireille lors du déjeuner.

Je commence par lui demander ce que cela fait d'arriver ainsi dans une maison sans eau ni électricité.

« Pas de problème, me dit Mireille, il y avait l'eau d'Évian ; la santé était le seul domaine où je ne comptais pas : le bien-être des enfants n'a pas de prix pour nous. »

Je lui demande alors :

« L'eau d'Évian, c'est bien, mais vous étiez toute seule, perdue dans un petit village de deux mille habitants, loin de tout, avec des gens qui ne parlent pas votre langue. Comment avez-vous vécu cet éloignement et cet isolement ?

– Cela a été une chance extraordinaire pour les enfants ; vous ne pouvez imaginer comme les gens sont gentils et accueillants à Bataan. Les enfants passaient leurs journées sur la plage à jouer sur des pirogues qu'ils construisaient avec les petits Philippins. Monsieur Fontanet, que rêver de mieux pour des enfants de cet âge ? Voir du pays, vivre avec des gens simples et accueillants, s'amuser avec rien, apprendre très jeune à parler un autre langage, apprendre des choses essentielles. Vous savez, si mes enfants se débrouillent tout seuls aujourd'hui, c'est probablement grâce à cela.

– Comment faisiez-vous quand Pierre et Florent ont été malades. À leur âge, cela a bien dû arriver ?

– Bien sûr ! il y a eu quelques petits problèmes d'amibes, mais, vous savez, les Philippins connaissent très bien le traitement contre les amibes, et nous avons été soignés très efficacement, probablement plus efficacement que nous l'aurions été à Paris. Je savais, à peine arrivée, qu'un des pires cyclones s'était abattu sur Bataan, le village avait souffert, la plupart des maisons avaient été détruites ! Belle douche pour un couple qui venait d'arriver ! »

Je demande donc à Mireille quel effet cela fait un cyclone.

« Vous savez, il est bon de se rendre compte de la force de la nature, on oublie cela en France quand on ne vit que dans les villes ; cela met les idées en place et l'entraide dans le village après le cyclone est une des choses les plus extraordinaires que j'ai vécues.

– *La solitude, les cyclones les amibes… rien ne vous impressionne. Avez-vous seulement eu peur une fois ?*

– *Ah ça oui ! Une fois j'ai eu un peu peur : je rangeais les jouets des enfants et un serpent est sorti d'un arrosoir ; je me suis écartée, il m'a laissée tranquille ; heureusement que c'est moi qui l'ai découvert ! Vous vous rendez compte si ç'avait été un des garçons ! En fait, monsieur Fontanet, mon seul souci, c'était l'école ; alors je suis devenue leur professeur et, vous savez, les enfants s'adaptent très vite à ces situations, ce sont les adultes qui les compliquent. La scolarité des enfants, c'est pour cela que j'ai voulu quitter Bataan et aller à Manille. Pierre et Florent ne pouvaient tout de même pas passer toute leur enfance sur une plage ! Je me suis installée à Manille et là ç'a été un peu dur pour moi ! Aller au bout du monde pour me retrouver séparée de mon mari que je ne voyais qu'en fin de semaine, soucieux et fatigué ; cela a été dur pour moi. Mais les enfants n'ont pas souffert, nous étions là, et ils progressaient bien dans leurs études.*

– *Au moins, à Manille, c'était plus sûr !, dis-je à Mireille.*

– *Détrompez-vous, monsieur Fontanet, nous avons vécu le coup d'État. Là, ça a tangué, on ne savait pas de quel côté allait basculer le pays et on a même commencé à manquer de nourriture ! Mais les gens ont été extraordinaires, on a partagé l'essentiel avec les voisins ; là on comprend vraiment ce qu'est la solidarité.* »

Chère Mireille, en vous écoutant, je me suis senti soudain tout petit.

* * *

(Je me retourne vers Jean-Pierre.)
Claude vous a proposé la Thaïlande
Si je puis me permettre un peu d'humour et abréger le compte rendu, encore quelques ouragans et quelques coups d'état (au total une douzaine de temps forts !) et vous êtes en France pendant que Jean-Pierre termine le démarrage de notre joint venture avec Sola en Inde. Vous êtes auprès de vos deux enfants, Pierre et Florent, qui sont bien engagés dans la vie et qui sont d'autant plus à l'aise dans le système éducatif français que vous leur avez toujours parlé français à la maison. Ils se débrouillent tout seuls, maintenant ils sont grands, ils sont maîtres de leur destin. Cette culture, associée à une déjà longue expérience de la vie sera leur force dans le monde très ouvert qui les attend. Vous avez accompli votre devoir envers eux.

Jean-Pierre rentre d'Inde, nous sommes en 2002.

*
* *

Cher Jean-Pierre, chère Mireille, devant une vie si remplie et si forte, si utile aux autres, que puis-je dire ? Si tout le monde était comme vous, ce serait le paradis sur terre ! Chers amis, partagez donc avec nous votre expérience, elle nous fait du bien, nous ramène à l'essentiel et nous élève. Vous devez trouver la France un peu petite et un peu étriquée. Dites-nous simplement et tranquillement votre vérité, cela nous fait du bien. Partagez avec nous votre force et votre sérénité. D'autres défis vous attendent, j'en suis sûr. Comme je le disais à Claude et à Michel, vous n'avez plus rien à prouver et beaucoup à faire !

Mireille, Jean-Pierre, cette médaille vous honore et nous ravit tous.

Jean-Pierre, au nom du président de la République et en vertu des pouvoirs qui nous sont conférés, nous vous faisons chevalier de la Légion d'honneur.

CONCLUSION :
OÙ ALLONS-NOUS ?

Je suis toujours émerveillé quand je constate les progrès qu'ont pu réaliser les personnes que j'ai rencontrées tout au long de ma vie en entreprise : dirigeants, collègues, employés, fournisseurs, partenaires et clients.

La personne humaine, quand elle est mise en situation de responsabilité, comme c'est le cas en entreprise, est capable de progrès à peine croyables ; bien sûr, la vie ne nous a pas fait naître à la même place, et le point de départ de chacun d'entre nous n'est pas identique ; mais la capacité d'avancer est toujours là, où que l'on soit, et, si l'on est un tant soit peu réaliste, c'est ce qui compte avant tout.

Entre le jeune ingénieur stagiaire qui devient dirigeant d'un pôle industriel ou, quarante ans plus tard, un spécialiste mondial d'une technologie de pointe et le jeune ouvrier qui devient un grand syndicaliste marquant son époque dans l'entreprise, je ne choisis pas, ils me rendent heureux tous les deux, et je trouve qu'ils ont, chacun, fait leur devoir vis-à-vis de leur entreprise et de la société.

L'entreprise est par excellence le lieu où l'on contribue et où l'on se développe. On contribue parce que l'entreprise est au service de ses clients, elle n'existe que tant qu'elle rend ce service ; on contribue parce que la concurrence oblige à être le meilleur (sinon on ne vend pas) ; une vente, dans un système concurrentiel, est la preuve que l'on est dans le vrai.

On se développe, parce que l'entreprise est un lieu où l'on prend constamment ses responsabilités ; on y exerce son jugement ; on y apprend de ses échecs tout en prenant confiance de ses succès.

Une entreprise qui réussit à créer des relations de long terme avec ses clients et ses fournisseurs fait du développement durable et travaille dans l'intérêt général, comme M. Jourdain faisait de la prose sans le savoir. Quand les relations commerciales durent, les intérêts réciproques sont par définition respectés et convergent naturellement vers ce que l'on peut qualifier d'intérêt général. Les hiérarchies entre sphère privée et sphère publique n'ont dès lors, à vrai dire, plus grand sens : l'entreprise concurrentielle sert l'intérêt général.

La mondialisation est, il est vrai, une rude confrontation avec des concurrents de culture et d'histoire différente ; elle n'en est pas moins une formidable opportunité pour ceux qui osent s'y lancer, car elle offre de nouvelles possibilités de grandir et d'apprendre. L'entreprise internationale est l'organisation qui va le mieux permettre à tous de profiter des bénéfices de la mondialisation.

Les entreprises françaises n'ont pas une bonne image dans l'opinion. C'est regrettable parce que celles qui ont déjà réussi à se mondialiser affrontent très bien la crise, preuve s'il en est que les Français peuvent exceller dans la compétition mondiale.

Les Français, s'ils sont un peu désobéissants, c'est qu'ils sont capables d'initiative ; s'ils adorent les débats d'idée, c'est qu'ils savent manier les concepts ; s'ils peuvent être violents, c'est qu'ils ont de l'énergie. Leurs petits défauts ne sont que l'envers de grandes qualités.

Pour que ces potentiels se convertissent en énergie positive, il faut un climat de confiance ; c'est elle qui fait que les personnes prennent des risques, parce qu'elles savent que, si les décisions sont bonnes, elles seront récompensées et, qu'en cas d'échec, elles auront la possibilité d'apprendre et de « rebondir ». La confiance est l'actif fondamental d'une société.

La confiance, ce n'est pas seulement la confiance en soi, c'est aussi la confiance dans le système ; elle ne dure que si le cap stratégique est bon ; les gens savent très bien quand les dirigeants se trompent et quand on va dans le mur : confiance et stratégie sont indissociables, la confiance est le ferment qui fait fructifier le capital et le travail.

Où allons-nous ?

Il est clair que l'économie mondiale va croître vite dans les cinquante ans qui viennent, pour une raison très simple : la Chine, l'Inde et l'Amérique latine vont nous amener deux milliards de consommateurs, pour un actuellement ; ce seul facteur assure vingt-cinq ans de croissance à 5 %, peut-être la croissance la plus forte que l'humanité aura jamais connue.

Cette croissance est une formidable opportunité pour chacune des cinquante millions d'entreprises dans le monde qui vont se développer sur des centaines de milliers de créneaux différents.

L'économie des pays développés, on l'a montré, est déjà segmentée en une bonne centaine de milliers de créneaux ou métiers. Ajoutez à tout cela l'apport des nouvelles technologies et les idées que vont générer la confrontation avec les nouveaux « joueurs » en Chine, en Inde, en Amérique latine, vous voyez que ce foisonnement propice au dynamisme de dizaines de millions d'entreprises n'est pas prêt de se tarir.

Pour toutes ces raisons, le mot de crise n'est pas adapté à la situation, pis, il peut conduire à des erreurs de diagnostic.

Il y aura des très forts contrastes. Les économies développées vont croître moins vite que les autres et vont être le lieu d'énormes changements technologiques (internet, économie d'énergies, progrès médicaux) qui vont bouleverser de très nombreux marchés ; il faudra désormais à leurs habitants beaucoup de flexibilité. Les économies nouvelles vont être, par contre, le lieu d'une croissance beaucoup plus soutenue et probablement plus régulière.

Les États ne vont pas pouvoir se développer géographiquement, et c'est heureux, car cela veut dire que nous serons en paix ! Il faut qu'ils se réjouissent de voir les entreprises dynamiser la société civile.

Les États occidentaux, la France en particulier, se sont, depuis quarante ans beaucoup trop endettés, en partie parce qu'ils se sont étendus dans des domaines où le marché, bien encadré, pouvait œuvrer avec excellence. Contrairement aux entreprises, les États n'ont pas le sentiment d'être en concurrence (les citoyens ne changent pas de pays tous les jours), leurs coûts et leurs méthodes de gestion ne se sont donc pas ajustés comme c'est le cas dans les entreprises. Ils ont notamment laissé se développer trop de couches institutionnelles (six couches, de la ville à l'Europe), qui ont elles-mêmes généré leur bureaucratie ; les États comprennent qu'ils sont aujourd'hui dans une impasse financière ; il va falloir qu'ils revoient complètement leur stratégie et qu'ils se reconcentrent sur ce qui doit être le cœur de leur action : les tâches régaliennes et le désendettement.

Ce livre a suggéré quelques pistes testées avec succès dans d'autres pays. L'expérience de ces pays qui ont pris le taureau par les cornes montre que les progrès peuvent aller assez vite ! Les États ont évidemment leur rôle (régalien) à jouer dans la sphère financière, là où il y a eu de vrais dérèglements dont les entreprises ont été les victimes.

La France est un pays très attractif pour l'investissement étranger, son territoire est magnifique, c'est un atout considérable. Il faut par contre qu'elle réduise sa fiscalité et sa bureaucratie, qui sont excessives. Si elle est capable de s'appuyer sur ses grandes firmes (il faut qu'elle en soit fière ! vraiment !) et sait attirer dans le même temps les grandes firmes étrangères, il n'y a pas à craindre le futur.

Mais aller plus loin et prétendre dire exactement de quoi sera fait l'avenir n'est pas possible ! Seuls des manipulateurs peuvent s'y risquer. Personne ne sait dans quel sens vont exactement évoluer les choses et cette incertitude est au cœur même des systèmes fondés sur la liberté.

Dans ce genre de situations, la vraie sécurité est d'être bien dans sa peau, audacieux, compétitif, de n'avoir pas de frais généraux et un endettement raisonnable. En un mot, d'avoir confiance en soi, dans ses entreprises et dans son État afin de rester manœuvrant. La vraie sécurité c'est d'être plus mobile, plus audacieux et moins coûteux que ses concurrents.

Si ces quelques pages peuvent aider à comprendre que le meilleur pari est celui de la confiance, elles n'auront pas été vaines.

ANNEXES

BIBLIOGRAPHIE SÉLECTIVE

Frédéric BASTIAT, *Œuvres économiques*, textes choisis par Florin Aftalion, collection « Libre-échange », PUF, Paris, 1983, 224 p.

Serge BLANCHARD, *Notre avenir dépend d'eux*, François Bourin, Paris, 2010.

Boston Consulting Group (BCG), *Perspective on Experience*, Boston, MA, The Boston Consulting Group, 1974.

André COMTE-SPONVILLE, *Le capitalisme est-il moral ? Sur quelques ridicules et tyrannies de notre temps*, Albin Michel, Paris, 2009, 284 p.

—, *Petit traité des grandes vertus*, Points Seuil, Paris, 2006, 442 p.

Roger DOUGLAS, *Unfinished Business*, Random House, New Zealand, 1993.

Friedrich HAYEK, *Droit, législation et liberté*, « Quadrige », PUF, Paris, 1995.

Maria NOWAK, *L'espoir économique. De la microfinance à l'entrepreunariat social : les ferments d'un monde nouveau*, Jean-Claude Lattès, Paris, 2010.

Alain PEYREFITTE, *Du « miracle » en économie. Leçons au Collège de France*, Odile Jacob, Paris, 1995.

—, *La Société de confiance. Essais sur les origines et la nature du développement*, Odile Jacob, Paris, 2005.

C. K. PRAHALAD, *The Fortune at the Bottom of the Pyramid: Eradicating Poverty Through Profits*, Wharton School Publishing, Wharton, 2009.

Hernando DE SOTO, *The Mystery of Capital. Why Capitalism Triumphs in the West and Fails Everywhere Else*, Basic Books, New York, 2000.

Lee Kuan YEW, *From Third World to First: The Singapore Story, 1965-2000*, Harper, New York, 2000.

GLOSSAIRE

Business model : expression désignant l'organisation qu'une entreprise a choisie pour servir son marché ; par exemple, la presse peut utiliser un *business model* à base de papier ou un *business model* à base d'électronique.

CAC 40 : nom donné au groupe des quarante premières entreprises privées cotées en bourse et mesurées en terme de capitalisation.

Capitalisation : valeur boursière de l'entreprise ; la valeur d'une entreprise est un multiple de ses bénéfices nets ; les multiples les plus bas sont de l'ordre de 5 quand les résultats sont fluctuants et en faible croissance ; le multiple peut aller jusqu'à 25 lorsque ceux-ci sont réguliers et en forte croissance ; la moyenne du multiple du CAC 40 est de 15.

Due diligence : opération consistant, dans le cas de l'achat d'une entreprise ou de la négociation d'une *joint venture*, à balayer l'ensemble des chiffres d'affaires, des coûts, des résultats ainsi que l'ensemble de ses contrats, de ses engagements et éventuellement des procès en cours.

Fonds de private equity : des investisseurs qui ne veulent pas mettre leur argent en bourse le confient à des financiers qui le placent dans des entreprises non cotées. Certains de ces fonds sont devenus des entités économiques considérables dont les entreprises emploient près d'un million d'employés ; les gestionnaires de ces fonds sont rémunérés selon un pourcentage fixe des investissements et une part variable des résultats réalisés lors de la revente des entreprises dans lesquelles le fonds a investi.

FREE CASH FLOW OU FLUX NET DE LIQUIDITÉS : il s'agit du flux positif, nul ou même négatif que génère une entreprise, mesuré après qu'elle a réalisé ses investissements annuels. Ce flux devient un dividende quand il est positif, il correspond à une injection d'argent que doit faire l'actionnaire s'il est négatif.

HEDGE FOND : les *hedge fonds* sont des fonds d'investissement qui investissent dans des actifs complexes et qui sont financés par des acteurs sophistiqués : riches particuliers, banques ou assurances. La traduction littérale laisserait croire que ces fonds ne prennent pas de risque, ce qui n'est pas vrai ; il en existe une extrême variété parce que ces fonds ne sont pas réglementés.

JOINT VENTURE (JV) : l'expression désigne les entreprises dont le capital est partagé entre deux groupes ; ce sont en quelque sorte des fils ou filles ou des mariages.

LMBO (leverage management buyout) : opération consistant, pour le *management*, à racheter la société à ses actionnaires antérieurs ; ceci se fait par une société qui recueille un investissement de départ apporté par le *management* (en général une dette) et qui avec ces fonds rachète les actions des actionnaires antérieurs. La dette est ensuite remboursée grâce aux résultats (s'il y en a) et aux ventes éventuelles d'actifs que peut opérer le nouveau *management*.

PIB (produit intérieur brut) : somme de toutes les valeurs ajoutées des acteurs privés et publics situés à l'intérieur du territoire.

PRICE EARNING : il mesure le rapport existant entre la valeur d'une entreprise et le montant de ses résultats ; l'expérience montre que, pour une entreprise déterminée qui garde la même stratégie, ce *price earning* tend à être constant.(voir CAC 40).

RECHERCHE ET DÉVELOPPEMENT (R et D) : nom donné aux activités de recherche et développement qui consistent à imaginer de nouveaux produits, à faire des prototypes et à les tester avant de les lancer en production.

REENGINEERING : opération qui consiste à analyser le fonctionnement pratique d'une société, d'une division ou d'un département d'une société afin de regarder si on ne peut pas s'y prendre de façon plus économique pour réaliser le même travail. De nos jours, les technologies et les produits évoluant très rapidement, l'expérience montre que toute organisation bénéficie de ces opérations si elle y procède à des fréquences de cinq à dix ans.

SBF : le SBF 120 regroupe les entreprises privées cotées se situant entre la 41e et la 160e place.

TEXTILE ET OPTIQUE, CONCEPT DE SEMI-FINI ET DE LABORATOIRE : Les industries du textile et de l'optique ont en commun une production d'une extrême variété. L'industrie textile a traité cette variété en construisant un système de production à deux étages : la production de tissu dans de grosses usines spécialisées et la finition des vêtements, à partir du tissu, dans des ateliers de confection.
L'industrie de l'optique ophtalmique fonctionne sur le même principe, à la différence près que le prêt à porter (finition de série) perd progressivement du terrain sur la mesure industrielle (produit fait pour chaque client individuel). Il n'y a en effet pas deux yeux identiques et pour avoir une parfaite vision il faut passer par votre ophtalmo qui fait une mesure très précise des deux yeux. Comme 60 % des gens ont besoin de correction il faut en théorie entre sept et huit milliards de verres différents !
L'industrie ophtalmique travaille comme l'industrie textile avec un réseau de grosses usines qui font des verres prêts à porter et des semi-finis (l'équivalent des tissus). Un autre type d'usines, appelées laboratoires de prescription, travaillent les semi-finis pour les adapter aux commandes qui viennent des opticiens. Dans l'industrie il existe des fabricants intégrés (usine + laboratoire) comme Essilor et Hoya, des sociétés qui se sont spécialisées dans le semi-fini (comme Sola) et des sociétés qui se sont spécialisées dans le métier du laboratoire en achetant à l'extérieur leurs semi-finis.

TABLEAUX ET GRAPHIQUES

Un jour, dans la queue, quelqu'un vient de loin !

De : Jayanth B [jayanthb@essilorindia.com]
Envoyé : jeudi 16 décembre 2004 08:34
A : Alain Petard; Patrick Cherrier; FONTANET Xavier, DARNAULT Claude, ALFROID Philippe: VIDAL Henri
Objet : Photos
Pièces jointes : 08.Jpg; 07.jpg, 06.jpg, 05.jpg

Very interesting. Photograph of the first patient. She has insisted on paying too. Gives us some idea About the profile of the rural customer.
Best regards.
Jayanth

---- Original Message ---
From : Dr. S. Aravind
To : jayanthb@essilorindia.com
Cc: saugata@essilorindia.com
Sent : Friday, December 17, 2004 12:39 AM
Subject : FW: Photos

She insisted on paying herself.
Aravind

T 1

US steam turbine power generation

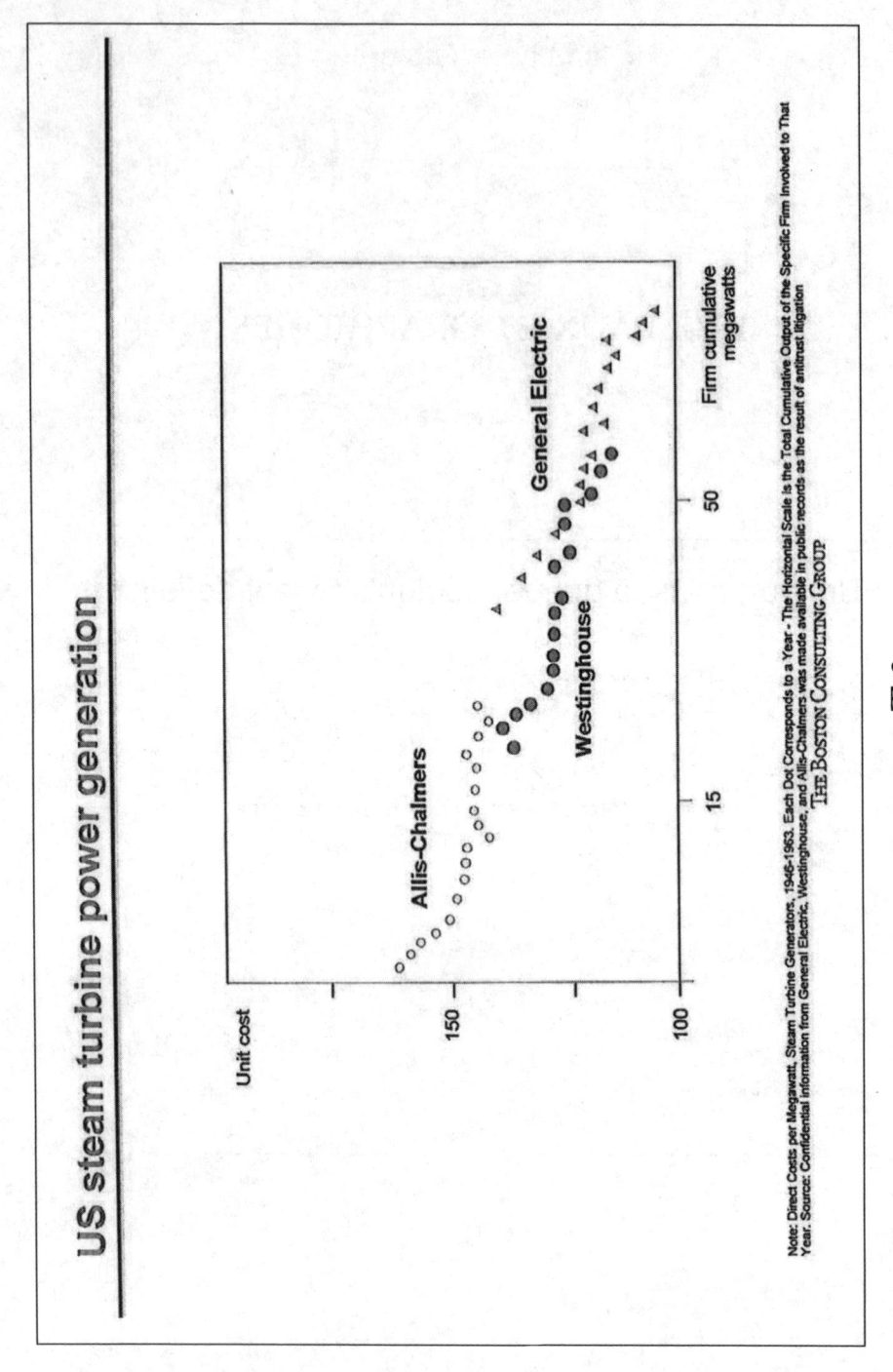

Unit cost (y-axis: 100, 150)

Allis-Chalmers, Westinghouse, General Electric

Firm cumulative megawatts (x-axis: 15, 50)

Note: Direct Costs per Megawatt, Steam Turbine Generators, 1946-1963. Each Dot Corresponds to a Year - The Horizontal Scale is the Total Cumulative Output of the Specific Firm Involved to That Year. Source: Confidential Information from General Electric, Westinghouse, and Allis-Chalmers was made available in public records as the result of antitrust litigation.

THE BOSTON CONSULTING GROUP

T 2

Part de marché coût marge

```
107 ─── C
 96 ───────── B
 87 ─────────────── A
                    Coût+
                                    Prix 100
        10 %   20 %   40 %   Part de marché*
                             (expérience)
```

	10 %	20 %	40 %
Marge	-7	4	13
Impôt♦	-2	1	3
Bénéfice net	-5	3	10

♦ Impôt à 25 %
+ Pente de 20 % sur 50 % du coût, le reste étant des achats
* Au bout de quelque temps, part de marché et expérience vont de pair

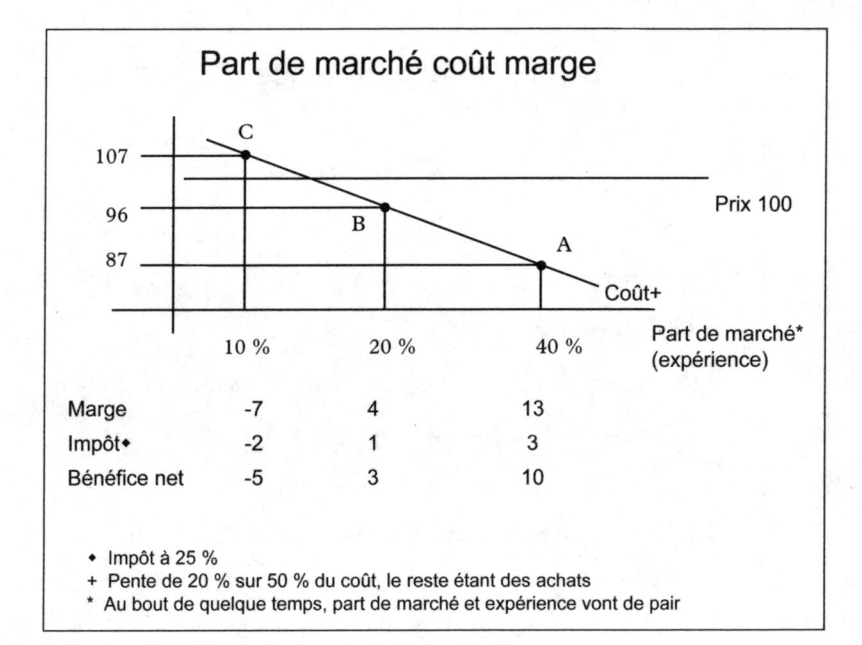

T 3

Effet de dividende sur la croissance

Ventes	100	100	100
Actif*	100	100	100
Coût	75	75	75
Marge	25	25	25
Impôt	10	10	10
Bénéfice net	15	15	15
Dividende	-	7,5	15
Réinvestissement	15	7,5	-
Croissance (%)	15	7,5	0

* Exemple d'une industrie lourde à rotation de 1
Les actifs sont les investissements nécessaires pour faire un chiffre d'affaires de 100

T 4

Dividende et croissance

	A	B	C
Bénéfice net	10	3	-5
Dividende	7	-	-8
Réinvestissement	3	3	3
Actif*	50	50	50
Croissance (%)	6	6	6

* Ici, on a considéré une industrie légère avec une rotation de 2

T 5

1976	Jeanneau	Bénéteau
Ventes	79	31
Actif	41	14
Marge	12.2	5.5
Impôt	4.3	1.9
Bénéfice net	7.9	3.6
Dividende	4.7	-
Endettement	-	3.6
Investissement	3.2	7.2
Croissance soutenable	8 % (3.2/41)	50 % (7.2/14)

T 6

EXTRAITS

Jean Jaurès

La Dépêche de Toulouse, 28 mai 1890[1]

Il n'y a de classe dirigeante que courageuse. À toute époque, les classes dirigeantes se sont constituées par le courage, par l'acceptation consciente du risque. Dirige celui qui risque ce que les dirigés ne veulent pas risquer. Est respecté celui qui, volontairement, accomplit pour les autres les actes difficiles ou dangereux. Est un chef celui qui procure aux autres la sécurité en prenant pour soi les dangers.

Le courage, pour l'entrepreneur, c'est l'esprit de l'entreprise et le refus de recourir à l'État ; pour le technicien, c'est le refus de transiger sur la qualité ; pour le directeur du personnel ou le directeur d'usine, c'est la défense de la maison ; c'est, dans la maison, la défense de l'autorité et, avec elle, celle de la discipline et de l'ordre.

Dans la moyenne industrie, il y a beaucoup de patrons qui sont à eux-mêmes, au moins dans une large mesure, leur caissier, leur comptable, leur dessinateur, leur contremaître ; et ils ont, avec la fatigue du corps, le souci de l'esprit que les ouvriers n'ont que par intervalles. Ils vivent dans un monde de lutte où la solidarité est inconnue. Jusqu'ici,

---

[1]. Extrait de Jaurès. *Ce que dit un philosophe à la cité*, textes choisis et introduits par Claude Dupont, Paris, Les Belles Lettres, 2010, pp. 220-222.

dans aucun pays, les patrons n'ont pu se concerter pour se mettre à l'abri, au moins dans une large mesure, contre les faillites qui peuvent détruire en un jour la fortune et le crédit d'un industriel.

Entre tous les producteurs, c'est la lutte sans merci ; pour se disputer la clientèle, ils abaissent jusqu'à la dernière limite, dans les années de crise, le prix de vente des marchandises, ils descendent même au-dessous des prix de revient. Ils sont obligés d'accepter des délais de paiement qui sont pour leurs acheteurs une marge ouverte à la faillite et, s'il leur survient le moindre revers, le banquier aux aguets veut être payé dans les vingt-quatre heures.

Lorsque les ouvriers accusent les patrons d'être des jouisseurs qui veulent gagner beaucoup d'argent pour s'amuser, ils ne comprennent pas bien l'âme patronale. Sans doute, il y a des patrons qui s'amusent, mais ce qu'ils veulent avant tout, quand ils sont vraiment des patrons, c'est gagner la bataille. Il y en a beaucoup qui, en grossissant leur fortune, ne se donneront pas une jouissance de plus ; en tout cas, ce n'est point surtout à cela qu'ils songent. Ils sont heureux, quand ils font un bel inventaire, de se dire que leur peine ardente n'est pas perdue, qu'il y a un résultat positif, palpable, que de tous les hasards il est sorti quelque chose et que leur puissance d'action est accrue.

Non, en vérité, le patronat, tel que la société actuelle le fait, n'est pas une condition enviable. Et ce n'est pas avec les sentiments de colère et de convoitise que les hommes devraient se regarder les uns les autres, mais avec une sorte de pitié réciproque qui serait peut-être le prélude de la justice !

Abraham LINCOLN

Une déclaration au Congrès en 1860

Vous ne pouvez pas créer la prospérité en décourageant l'épargne.

Vous ne pouvez pas donner la force au faible en affaiblissant le fort.

Vous ne pouvez pas aider le salarié en anéantissant l'employeur.

Vous ne pouvez pas favoriser la fraternité humaine en encourageant la lutte des classes.

Vous ne pouvez pas aider le pauvre en ruinant le riche.

Vous ne pouvez pas éviter les ennuis en dépensant plus que vous ne gagnez.

Vous ne pouvez pas forcer le caractère et le courage en décourageant l'initiative et l'indépendance.

Vous ne pouvez pas aider les hommes continuellement en faisant pour eux ce qu'ils pourraient et devraient faire eux-mêmes.

Frédéric Bastiat

Funeste remède[2]

Quand notre frère souffre, il faut le soulager.
Mais ce n'est pas la bonté de l'intention qui fait la bonté de la potion. On peut très charitablement donner un remède qui tue.
Un pauvre ouvrier était malade.
Le docteur arrive, lui tâte le pouls, lui fait tirer la langue et lui dit : « Brave homme, vous n'êtes pas assez nourri. – Je le crois, dit le moribond ; j'avais pourtant un vieux médecin fort habile. Il me donnait les trois quarts d'un pain tous les soirs. Il est vrai qu'il m'avait pris le pain tout entier le matin, et en avait gardé le quart pour ses honoraires. Je l'ai chassé voyant que ce régime ne me guérissait pas. – L'ami, mon confrère était un ignorant intéressé. Il ne voyait pas que votre sang est appauvri. Il faut réorganiser cela. Je vais vous introduire du sang nouveau dans le bras gauche ; pour cela il faudra que je vous le tire du bras droit. Mais pourvu que vous ne teniez aucun compte ni du sang qui sortira du bras droit ni de celui qui se perdra dans l'opération, vous trouverez ma recette admirable. »
Voilà où nous en sommes. L'État dit au peuple : « Tu n'as pas assez de pain, je vais t'en donner. Mais, comme je n'en fais pas, je commencerai par te le prendre, et, après avoir satisfait mon appétit, qui n'est pas petit, je te ferai gagner le reste. »
Ou bien : « Tu n'as pas assez de salaires ; paye-moi plus d'impôts. J'en distribuerai une partie à mes agents et, avec le surplus, je te ferai travailler. »
Et si le peuple, n'ayant des yeux que pour le pain qu'on lui donne, perd de vue celui qu'on lui prend ; si, voyant le petit salaire que la taxe lui procure, il ne voit pas le gros salaire qu'elle lui ôte, on peut prédire que sa maladie s'aggravera.

---

2. Extrait de l'édition originale en 7 volumes (1863) des *Œuvres complètes* de Frédéric Bastiat, tome II, *Libre-échange*, texte 68, « Petites affiches », pp. 459-461

Frédéric Bastiat

Les sociétés de secours[3]

Il faut que les sociétés de secours soient libres, circonscrites, maîtresses de leurs statuts comme de leurs fonds. Il faut qu'elles puissent faire plier leurs règlements aux exigences de chaque localité.

Supposez que le gouvernement intervienne. Il est aisé de deviner le rôle qu'il s'attribuera. Son premier soin sera de s'emparer de toutes les caisses sous prétexte de les centraliser, et, pour colorer cette entreprise, il promettra de les grossir avec des ressources prises sur le contribuable. [...] Première injustice : faire entrer de force dans la société, et par le côté des cotisations, des citoyens qui ne doivent pas concourir aux répartitions de secours. Ensuite, sous prétexte d'unité, de solidarité (que sais-je), il s'avisera de fondre toutes les associations en une seule soumise à un règlement uniforme.

Mais, je le demande, que sera devenue la moralité de l'institution quand sa caisse sera alimentée par l'impôt ; quand nul, si ce n'est quelque bureaucrate, n'aura intérêt à défendre le fonds commun ; quand chacun, au lieu de se faire un devoir de prévenir les abus, se fera un plaisir de les favoriser ; quand aura cessé toute surveillance mutuelle, et que feindre une maladie, ce ne sera autre chose que jouer un bon tour au gouvernement ? Le gouvernement, il faut lui rendre cette justice, est enclin à se défendre ; mais, ne pouvant plus compter sur l'action privée, il faudra bien qu'il y substitue l'action officielle. Il nommera des vérificateurs, des contrôleurs, des inspecteurs. On verra des formalités sans nombre s'interposer entre le besoin et le secours. Bref, une admirable institution sera, dès sa naissance, transformée en une branche de la police.

L'État n'apercevra d'abord que l'avantage d'augmenter la tourbe de ses créatures, de multiplier le nombre des places à donner, d'étendre son patronage et son influence électorale. Il ne remarquera pas qu'en s'arrogeant une nouvelle attribution il vient d'assumer sur lui une

---

3. Extrait de l'édition originale en 7 volumes (1863) des *Œuvres complètes* de Frédéric Bastiat, tome VI, *Harmonies économiques*, chapitre XIV, pp. 437-492.

responsabilité nouvelle, et, j'ose dire, une responsabilité effrayante. Car bientôt qu'arrivera-t-il ? Les ouvriers ne verront plus dans la caisse commune une propriété qu'ils administrent, qu'ils alimentent, et dont les limites bornent leurs droits. Peu à peu, ils s'accoutumeront à regarder le secours en cas de maladie ou de chômage non comme provenant d'un fonds limité préparé par leur prévoyance, mais comme une dette de la Société. Ils n'admettront pas pour elle l'impossibilité de payer, et ne seront jamais contents des répartitions. L'État se verra contraint de demander sans cesse des subventions au budget. Là, rencontrant l'opposition des commissions de finance, il se trouvera engagé dans des difficultés inextricables. Les abus iront toujours croissant, et on en reculera le redressement d'année en année, comme c'est l'usage, jusqu'à ce que vienne le jour d'une explosion. Mais alors on s'apercevra qu'on est réduit à compter avec une population qui ne sait plus agir par elle-même, qui attend tout d'un ministre ou d'un préfet, même la subsistance, et dont les idées sont perverties au point d'avoir perdu jusqu'à la notion du Droit, de la Propriété, de la Liberté et de la Justice.

L'ADIE,
UN RÉSEAU D'AUTHENTIQUES ENTREPRENEURS

L'Adie est une initiative prise il y a vingt ans par Maria Nowak, personnellement, fondée sur une idée simple, mais géniale : « Aider des chômeurs à démarrer en France leur entreprise, c'est-à-dire à se créer leur propre job et devenir leur propre patron... grâce à un instrument financier qui n'existe pas alors, le microcrédit. »

L'Adie connaît une croissance très rapide et toujours intacte (plus de 20 % l'an en 2009 !) après déjà vingt ans d'existence. Garder un rythme si élevé sur une si longue période est le signe d'une tendance de fond.

Chaque micro-entreprise, prise individuellement, est un véritable miracle : la démarche courageuse d'une personne qui, en période difficile, a décidé de se relever et de prendre son destin en main en devenant un véritable entrepreneur. Chaque micro-entreprise s'appuie sur de réels clients eux-mêmes solvables ; elle invente chaque fois un nouveau service de très grande proximité qui parfois peut se développer en franchise.

Si on regarde les résultats de l'ensemble de la démarche sur la durée, l'Adie peut être décrite comme un ensemble de soixante-cinq mille micro-entreprises qui emploient près de cent mille personnes fin 2010. Au-delà du message admirable de confiance en la nature humaine que donne l'Adie, il y a là une dimension économique absolument évidente. Au rythme où l'Adie croît, elle va représenter très rapidement plus de 5 % du nombre total des entreprises de moins de cinq employés et sera bientôt le premier employeur privé français. Il y a là, à mes yeux, en filigrane, un vrai phénomène de société.

Ceci devrait interpeller la sphère publique et l'amener à réfléchir au traitement fiscal et social de ce nouveau créneau économique à rotation d'actif extrêmement rapide (l'encourt de crédit de l'Adie étant de l'ordre de 50 millions d'euros) qui permet à l'État une énorme économie de subventions et de charges en tous genres.

Très récemment, l'explosion du nombre des jeunes entreprises vient conforter la justesse de l'intuition de Maria Nowak. Quand on se souvient enfin que le Crédit agricole est né il y a cent cinquante ans d'une initiative au fond tout à fait similaire (prêter à des paysans à qui personne ne voulait faire confiance), on se dit que l'Adie trace en ce moment un très profond sillon.

TABLE DES MATIÈRES

Prologue : ce livre, pourquoi ? 11
Le mot du premier lecteur 15
Introduction 19

Partie I – L'entreprise, c'est l'aventure d'aujourd'hui 25

L'Histoire d'Essilor 27
   Naissance 27
   Le credo de Valoptec 29
   Une décision importante : l'entrée en bourse ... 30
   1972 -1990 30
   Recentrage : 1991-1996 31
   1996-2005 33
   2006-2010 39

Travail, métier, champion 41
   La quête de sens figure au cœur des préoccupations
   des nouvelles générations. « Que signifie au fond
   mon travail ? » 41
   Le travail 42
   Le métier 43
   Le champion 43

**Ce n'est pas le Président qui commande,
c'est le client** 49
« Mes filles n'iront pas à l'usine ! » 55
La grande famille 59

Elle exige de payer **65**
   Le bidonville de Manille 65
   Été 2003, André, pays bigouden 66
   Au siège d'Aravind 68
   Un jour, dans la queue, quelqu'un vient de loin........ 69
   Travail, métier, champion… bienfaiteur ? 72

Les chemins de la confiance **73**
   Savoir-faire organisationnel 74
   Les variables de comportement 76
      Respecter l'individu et promouvoir son talent........ 76
      Écouter ! 77
      Parler vrai ! 78
      Responsabiliser le plus de monde possible 78
      Du bon usage des consultants 78
      L'indispensable transparence 79
      Pas de management sans justice 79
      Vite, une fête ! 80
      Confiance en soi ou arrogance ? 80
      Accepter le changement 80
      Leader, sinon rien ! 81
      Un PDG qui dure 81

Partie II – Économie de marché et morale **83**

Première vente **85**
   Sa première vente 85
   Débuts au BCG 86
   Ma première vente 87
   « Monsieur Fontanet, ça me coûterait combien ? » 88
   Marx et sa curieuse conception de l'homme 89
   Vente, développement durable et intérêt général 90
   Des champions qui dépendent les uns des autres 91

Sato san, mon plus cher adversaire **93**

Ce que vous faites, est-ce moral ? **99**
   « Monsieur, c'est très bien ce que vous faites,
   mais est-ce moral ? » 99
   La réponse que j'aurais dû faire : « Votre question
   n'a pas de sens » 100
   Le jeu sur les mots finit par la destruction du sens 102

Partie III – Petit précis d'économie 105

Petit précis d'économie 1 : pour comprendre la concurrence 107
    La courbe d'expérience 108
    La segmentation (ou définition du métier) et la courbe de vie 110
    La dynamique des parts de marché et des prix 112
    Rentabilité et rotation d'actif 112
    Rentabilité, dividende et croissance 114
    Du dividende au flux 115
    Flux dans un métier et entre métiers 116
    Synthèse 116

Petit précis d'économie 2 : la théorie des petits cochons 119
    Les petits cochons 120
    Les restaurants et la théorie des petits cochons 121

Petit précis d'économie 3 : pour comprendre le monde qui vient 123
    La catallaxia de Hayek 124
    L'équilibre dans un créneau 126
    Schumpeter ou le mouvement 127
    Bruce Henderson et la description précise des flux 127
    Les personnes 129
    En deux mots 129

Partie IV – Finance : entre la folle et la bonne 131

Les dégâts de la finance à court terme 133
    « Monsieur Fontanet, je voudrais vous voir, nous avons une belle affaire à vous proposer » 133
    « Xavier, je quitte ABC. Je vous expliquerai plus tard » 137
    La route est longue 139

La Bourse 141
    Le chemin fait avec Saint-Gobain et le financement de sa sortie 141
    Un dérèglement à corriger rapidement : le *short selling* 145

    Les *road shows*, la presse financière et le fonctionnement
    du marché. 146
    Actions ou SICAV ? 148

La bonne dette : les chantiers Bénéteau. 151
    Le financement de la croissance 153

Actionnariat salarié 157
    De la participation à l'actionnariat salarié 157
    Un retour sur les fondements de l'entreprise 158
    L'incroyable variété de l'économie réelle 159
    Le principe de l'actionnariat salarié. 160
    Actionnariat et capital. 161
    La gouvernance. 161
    Le courage de l'actionnaire salarié. 163
    La loi française est favorable à l'actionnariat salarié
    et très bien conçue 164
    Actionnariat, fidélité et durée 164
    Tous propriétaires. 165

« Les salariés actionnaires ont le pouvoir d'agir ! » 167

Partie V – Un État en concurrence 171

« Mon fils, surtout pas ! » 173
    Le capital mis à risque. 173
    L'État providence et la pauvreté 176

Alain Juppé 179
    « Xavier, vous ne défendez que des intérêts particuliers,
    moi je défends l'intérêt général ! » 179
    Concurrence et intérêt particulier, les montres suisses
    et japonaises 181
    Monopole et intérêt général. 183
    Intérêt général, concurrence entre États et reengineering
    de la sphère publique 185

Les cinq pépites 187
    Le Canada et la réforme de la sphère publique 189
    La Nouvelle-Zélande de Roger Douglas : la transformation
    la plus audacieuse au monde d'un système de santé. 191

        La situation des finances publiques en 1990. 191
        Les idées de base de la réforme 193
        La pratique du système 194
    « Monsieur Fontanet, ne le dites pas, j'ai besoin du privé
    pour gérer le public » (Jean-Pierre Chevènement) 195
        La vision de Lee Kuan Yew 196
        Le sillon creusé par Egis et la Caisse des Dépôts 197

Partie VI – Les Français, le monde et les autres. 201

Les Français, leurs démons et leur génie 203
    D'abord Jean Baptiste. 204
    Ensuite Jean-Jacques. 206

Mais qu'ont-ils de mieux que nous, les Japonais ? 209

Madame et Monsieur Mazzone 217

Conclusion : Où allons-nous ? 223

Annexes 227
    Bibliographie sélective. 229
    Glossaire. 231
    Tableaux et graphiques 235
    Extraits. 239
    L'Adie, un réseau d'authentiques entrepreneurs 245

Ce volume,
publié aux Éditions Les Belles Lettres
a été achevé d'imprimer
en février 2011
sur les presses
de la Nouvelle Imprimerie Laballery
58500 Clamecy

N° d'éditeur : 7208
N° d'imprimeur : 102280
Dépôt légal : mars 2011
Imprimé en France